अध्यात्म की ओर मेरा पथ

अध्यात्म की ओर मेरा पथ

सुनीता वर्मा

Zorba Books Pvt. Ltd. (opc)
Sushant Arcade,
Next to Courtyard Marriot,
Sushant Lok 1, Gurgaon – 122009, India

Printed by Manipal Technologies Limited
A1 & A2 Shivalli Industrial Area Manipal Udupi, Karnataka – 576104

अनुक्रम

पुस्तक समर्पण

ॐ

"जय माता दी"

यह पुस्तक मैं अपने सभी देवी-देवताओं को, अपने माता-पिता और सभी गुरूजन को समर्पित करती हूँ। इन सभी के आशीर्वाद से मैं एक साधारण व्यक्ति होते हुए भी पुस्तक लिख पा रही हूँ।

"अध्यात्म की ओर मेरा पथ" मेरी पुस्तक का विषय है जिसमे मेरी अध्यात्म के पथ पर चलने की कहानी है। मैं शुक्रगुजार हूँ उन लोगों की, जिन्होंने मुझे यह पुस्तक लिखने के लिए प्रोत्साहित किया। विशेष रूप से मेरी एक साधिका मित्र की, जिन्होंने मुझे यह पुस्तक लिखने के लिए मेरा मार्ग प्रशस्त किया, उन्हीं के पथ प्रदर्शन से मैं आगे बढ़ पाई। उन्होंने मेरी क्षमता को पहचाना और कहा कि ब्रह्माण्ड की इच्छा है कि मैं आध्यात्मिक पुस्तक लिखूँ।

मेरा परिचय

मैं सुनीता वर्मा, एक साधारण परिवार में जन्मी हूँ। मेरे माता-पिता एक मध्यवर्गीय परिवार के थे। मेरी माताजी सुलझे हुए व्यक्तित्व की थीं, जिन्होंने हमें बहुत अच्छे संस्कार दिए और सदा ही हमारा मार्गदर्शन किया। उन्होंने हमें उच्च शिक्षा दिलवाई और किसी भी क्षेत्र में आगे बढ़ने से नहीं रोका और हमारे हर बढ़ते कदम पर हमारा साथ दिया। जीवन के हर संघर्ष में वे हमारे साथ थी और हमारा पथ प्रदर्शन करती रहीं। आज वे हमारे बीच नहीं हैं, परन्तु उनकी बहुमूल्य शिक्षाएं एवं संस्कार हमारे साथ हैं। हमारी माताजी ब्रहममुहूर्त में उठकर ध्यान में बैठती थी, यही मार्ग आगे चलकर मैंने अपनाया।

मेरे पिताजी भी साधक थे। वे घण्टों बैठकर शिवजी का ध्यान करते थे। शरीर छोड़ने से पूर्व उन्होंने मुझे बता दिया था कि वे जा रहे हैं और अगले जन्म में मैं बौद्ध भिक्षु बनूँगा। शायद मैंने भी इसीलिए ये मार्ग अपनाया।

24 वर्ष की आयु में मेरा विवाह हो गया। समय अच्छा बीता और जल्दी ही मैंने एक बेटे को जन्म दिया और तीन वर्ष पश्चात् एक प्यारी सी कन्या भगवान के अवतार के रूप में मेरे पास आई। कुछ समय पश्चात् परिस्थितिवश मुझे काम करना पड़ा। मैंने एक कोर्स किया और अपना

व्यवसाय शुरू किया। अपने बच्चों को, परिवार के विरूद्ध जाकर अच्छे स्कूल में शिक्षा दिलवाई। फिर बच्चों ने उच्च शिक्षा एवं अच्छी नौकरी प्राप्त की।

अध्यात्म की ओर कैसे अग्रसर हुई

समय अच्छा बीत रहा था, पर ब्रहमाण्ड कुछ और चाह रहा था। मेरा पथ अध्यात्म की ओर चुना था, इसीलिए ब्रहमाण्ड को मुझे एक दर्द देना था, वह उसने मुझे बच्चों के रूप में दिया। इंग्लिश में कहावत है (No Pain No gain) अर्थात बिना दर्द के हम कुछ नहीं पा सकते। यह दर्द ही हमें आगेअध्यात्म की ओर ले जाता है। ब्रहमाण्ड मुझे अपने करीब लाना चाहता था वे चाहता था कि मैं अपना बाकी जीवन अध्यात्म और जनकल्याण में दूं, इसीलिए मुझे उसने मेरे बच्चों से मुझे दूर कर दिया, हालांकि मैं उनके दिल के बहुत करीब हूँ परन्तु मेरा पथ तो सेवा का था इसीलिए ब्रहमाण्ड के आदेश पर वे मुझसे दूर हुए। यहाँ से मैंने सन्यास लेने का निश्चय किया परन्तु मेरी एक साधिका मित्र ने मेरा हृदय परिवर्तित किया और मुझे पुस्तक लिखने का परामर्श दिया और यहाँ से (अध्यात्म की ओर मेरा पथ) लिखने का सफर शुरू हुआ।

जप तप साधना

मैं कोई आध्यात्मिक व्यक्ति नहीं हूँ। यह मेरी अध्यात्म की ओर शुरूआत है। संसार में दुःख ही दुःख हैं। मैंने किसी को भी दुःख व दर्द से आज़ाद नहीं देखा। यह जानकर मैं सुख की खोज में ईश्वर से जुड़ गई और मैंने साधना करनी शुरू कर दी। यह मेरे अध्यात्म सफर की शुरूआत थी। मैंने पाया कि दर्द ही हमें आगे ले जाता है। मैं ब्रह्ममुहूर्त में ध्यान में बैठने लगी। मैंने कोई गुरू दीक्षा नहीं ली परन्तु गुरूओं की वाणी सुनकर मैं उनके बताए मार्ग पर चलने लगी। मैंने ध्यान-साधना शुरू किया। प्रारम्भ में पाँच से दस मिनट बैठती थी, धीरे-धीरे यह अवधि बढ़ने लगी जो घंटों में पहुँच गई। पर कभी साधना में मन लगता था कभी नहीं। मैंने गुरूजी श्री श्री रविशंकर जी का प्रवचन सुना था कि जैसे हम प्रतिदिन प्रातः काल उठकर दांत साफ करते हैं, वैसे ही रोज ध्यान में बैठने का नियम बनाना चाहिए।

मैंने भी वो नियम अपना लिया. साधना के पथ पर मैं शुक्रगुज़ार हूँ एक ऐसे शख्स की, जिसने मेरे जीवन में उथल-पुथल कर दिया और उससे मुझे मानसिक प्रताड़ना मिलने लगी। जैसे-जैसे वह मुझे परेशान करती, वैसे मैं उतना अधिक साधना की ओर उन्मुख होने लगी, इससे मुझे शांति का अनुभव होता था। जिससे परेशान होकर कभी तो मैं साधना में रम जाती या कभी घंटों बैठकर 'ओम' का उच्चारण करने

लगती थी। इससे मैं ब्रहमाण्ड की ओर जाने लगी। अन्ततः मैं ऐसी शख्सियत को पुनः धन्यवाद देती हूँ जिन्होंने ब्रहमाण्ड की ओर बढ़ने में मेरी मदद की। जैसे ही मैं डगमगाती ब्रहमाण्ड की शक्तियाँ मुझे संभाल लेती थीं।

इस सबसे मैं यह सन्देश देना चाहती हूँ कि जीवन मै चाहें कितनी भी विपत्ति आऐ, कितने भी नकारात्मक व्यक्ति हमारे जीवन में आएं, यदि हम हार न मानें और और अपना जीवन आध्यात्म की ओर ले जाऐं तो हम जीवन में बहुत कुछ पा सकते हैं। हर बुराई के पीछे एक अच्छाई छिपी होती है। "ये मेरे स्वयं के अनुभव हैं।"

तत्पश्चात ध्यान-साधना के साथ मुझे प्रभु को पाने की लगन लग गई। लगातार प्रयत्न के पश्चात् मुझे लगा शायद मैंने प्रभु को पा लिया।

हर समय पूजा-पाठ या ध्यान में मन रम गया। मेरा ध्यान हर समय ब्रहमाण्ड या प्रभु की ओर रहता। इसीलिए मैं यहीं नहीं रूकी और शिवजी का जाप करने लगी। न जाने मुझमें इतनी शक्ति कहाँ से आ गई कि मैं दिन-रात मंत्र जाप करने लगी। मैं केवल चार घंटे सोती और बाकी जाप करती रहती। भोले बाबा मुझपर प्रसन्न हुए और उन्होंने मुझे दर्शन दिए। एक अज्ञानी और नासमझ के लिए यह एक अनहोनी बात थी। मैं यह नहीं जान पाई कि ये वरदान मुझे कैसे मिला। पर मैं इसे पाकर धन्य हो गई।पहले मेरा मन ध्यान में बहुत भटकता था, परन्तु दोबारा ध्यान की ओर मन ले आती। यहीं से मैंने ब्रहमाण्ड से जुड़ना शुरू किया। मन में संसार के प्रति वैराग्य भरता जा रहा था। मुझे गृहस्थ जीवन में रहकर ही तप करना था। मैं जप-तप दोनों में लग गई। बचपन से ही मैं देवी माँ की पूजा में लग गई और माँ प्रसन्न हो गई। इसके अतिरिक्त मानों उन्होंने (माँ ने) मुझे दर्शन दिए। माँ के दर्शन पाकर मैं धन्य हो गई परन्तु मुझे अभी यहाँ नहीं रूकना था और ब्रहमाण्ड से कुछ और प्राप्त करना

था। न जाने कौन से मेरे कर्मों का फल था कि ये दिन मेरी जिंदगी में आया और मेरा पूरा जीवन इसने बदल दिया।

रेकी सीखना और उसके अनुभव

इसके पश्चात् मेरी एक साधिका मित्र स्वाति, जो अब रेकी हीलर है, उसने मुझे रेकी व इसके लाभ के सन्दर्भ में बताया। अध्यात्मिक शक्तियों से मुझे अवगत करवाया गया तथा मुझे सलाह दी कि मैं इससे सीखूं। (रेकी एक ऐसी विद्या है जिसके द्वारा ब्रहमाण्ड में शक्तियों के द्वारा किसी को स्वस्थ किया जा सकता है और कुछ और समस्याऐं भी दूर की जा सकती हैं।) इसके पश्चात्, मैंने रेकी को सीखना शुरू कर दिया। मैंने इसके प्रथम दो लेबल सीखे। प्रारम्भ में रेकी मैंने स्वयं के लिए सीखी और मुझपर इसका इतना सकारात्मक प्रभाव हुआ कि मैंने इसमें आगे बढ़ने का फैसला लिया। इसके पश्चात् मैंने रेकी का तृतीय स्तर सीखा और किसी का उपचार किया। तब मैंने प्रथम बार रेकी ऊर्जा का प्रभाव देखा। मैंने किसी भी अन्य चिकित्सा में ऐसा प्रभाव नहीं देखा था। इसीलिए मैंने और आगे बढ़ने की ठान ली और चार ए लेवल प्राप्त किये और गुरूजी (A.V.M.) से मुझे ग्रांड मास्टर की डिग्री प्राप्त हुई और मैं लगातार इसका अभ्यास करने लगी। मैंने अपने चैबीस घंटे उन लोगों के नाम कर दिए, जिन्हें रेकी हीलिंग की आवश्यकता थी, इसमें मुझे अत्यंत खुशी और आत्मिक संतुष्टि मिलती थी।

रेकी उपचार के फायदे

रेकी एक ऐसा ज्ञान का खजाना है, जिसे प्राप्त करके लोगों की बीमारी, दुःख और चिन्ताओं का समाधान किया जा सकता। इसकी महत्वपूर्ण विशेषता ये भी है कि रेकी ऊर्जा दुःख को सुख में बदलती है, बीमार को स्वास्थ्य प्रदान करती है और चिन्ताओं का समाधान करती है। यहाँ तक कि यह टूटे रिश्तों को भी जोड़ती है। रेकी उपचार के पश्चात् जब

उपचारकर्ता सफल होता है तो उसे ऐसी खुशी का एहसास होता है जो बड़ी से बड़ी दौलत भी नहीं दे सकती। क्योंकि ऊर्जा प्राप्त करने के लिए हमें इस विद्या का ज्ञान प्राप्त करना होता है, फिर गुरूओं द्वारा शक्तिपात मिलता है। इसके साथ –साथ ध्यान व साधना करते रहना भी है ताकि अच्छे नतीजे मिलें। मेरे दिव्य अलौकिक अनुभवों ने मेरा जीवन परिवर्तित कर डाला। क्योंकि रेकी एक ऐसी सकारात्मक ऊर्जा है जो किसी को नुकसान नहीं पहुँचाती। रेकी एक आध्यात्मिक पद्धति है। जिसका विकास डा0 मिकाऊ उसुई ने किया था। यह तनाव व उपचार सम्बंधी एक जापानी विधि है, जो योग का ही एक भाग है। मान्यता के अनुसार, रेकी का वास्तविक स्थल भारत है। सहस्त्रों वर्ष पूर्व भारत में स्पर्श चिकित्सा का चलन था जो यहाँ के ऋषि-मुनियों द्वारा किया जाता था। परन्तु रेकी एक जापानी शब्द है जिसका अर्थ है ब्रहमाण्ड की ऊर्जा। यह विधि बीमारों के इलाज के अलावा अन्य परेशानियों को दूर करने में सहायक भी है, जैसे व्यापार की परेशानी, रिश्तों में अनबन, परिवार में विवाद, जादू-टोना, जमीन जायदाद विषयक परेशानी इन सभी समस्याओं से भी छुटकारा मिलता है।

रेकी ब्रहमाण्ड द्वारा दी गई एक अद्त ऊर्जा है जो विज्ञान से भी ऊपर है। जहाँ विज्ञान सोचना बंद कर देता है, वहीं रेकी अपना काम शुरू करती है। रेकी से मुझे अद्त अनुभव हुए। जहाँ डाक्टर आपरेशन का सुझाव देते हैं वहाँ मरीज़ केवल रेकी उपचार से ठीक हो जाते हैं। (आगे उन मरीज़ों के नाम प्रमाण के साथ दूँगी) रेकी ज्ञान का एक ऐसा खजाना है, जिसे प्राप्त करके लोगों की बीमारी, दुःख और चिन्ताओं का समाधान किया जा सकता है। रेकी ऊर्जा दुःख को सुख में बदलती है, बीमार को स्वास्थ्य प्रदान करती है और चिन्ताओं का समाधान करती है।

लामा फेरा

इसके पश्चात् मैनें संजय गुप्ता जी की लिखी पुस्तक व उनके द्वारा दिए गए ज्ञान एवं उनके मार्गदर्शन के द्वारा लामा-फेरा पद्धति का ज्ञान प्राप्त किया। लामा-फेरा प्राचीन काल में बौद्ध भिक्षुओं द्वारा प्रयुक्त दुनिया की सबसे तेजी से बदलती चिकित्सा की तकनीक है। लामा का अर्थ है सद् गुरू , धर्म का प्रबुद्ध गुरू और फेरा का मतलब है चिकित्सा की तकनीक। लामा फेरा सिम्बलों से बनी एक दिव्य शक्ति एवं ब्रहमाण्ड ऊर्जा है। यह ब्रहमाण्डीय ऊर्जा प्राण शक्ति यानि पूरे ब्रहमाण्ड में हर जीव-जन्तु के चारों तरफ फैली हुई एक सकारात्मक ऊर्जा है, जिस शक्ति को लेकर हम पैदा होते है, बड़े होते हैं एवं श्वास लेते हैं। यह शक्ति हर प्राणी में होती है। आप अपना एवं अन्य व्यक्तियों का प्रार्थना व सिम्बल काल्पनिक रूप से हाथों पे डाल कर सफल इलाज कर सकते हैं। क्योंकि शक्ति के माध्यम से ऊर्जा आपके हाथों से बहने लगती है। उपचार करते समय सिम्बल बनाने से ऊर्जा तेज हो जाती है। रोगी का शरीर रहस्यमय सिम्बल के माध्यम से ऊर्जा ग्रहण करता है। इलाज करने पर चिकित्सा की ऊर्जा में कोई कमी नहीं आती। हाथों की इस शक्ति को भगवान बुद्ध ने पहचान कर सबका इलाज किया था।

मैं भाग्यशाली हूँ कि मुझे भी यह शिक्षा ग्रहण करने का अवसर मिला और रोगी को इसके बहुत अच्छे नतीज़े मिले। यह अति प्रभावशाली तकनीक है। इससे हमारी ऊर्जा बहुत अधिक बढ़ जाती है। इस उपचार में महात्मा बुद्ध की अलौकिक शक्तियों को भी सम्मिलित करते हैं। इससे हमारी व आध्यात्मिक शक्ति का भी विकास होता है। लामा-फेरा से सकारात्मक ऊर्जा प्रवाहित होने से रोगी जल्दी ठीक होता है। इसमें साऊंड हीलिंग का भी प्रयोग होता है। साऊंड हीलिंग में बहुत शक्ति व ऊर्जा है। इस साऊंड से ताज़गी का अनुभव होता है। यह सब चक्रों को शीघ्र खोल देता है। यह नकारात्मक ऊर्जा को शीघ्र खत्म कर देता है।

रेकी के मेरे अनुभव

पहला अनुभव

सात वर्ष की बच्ची जो पाँच वर्ष से बोलने और सुनने में असमर्थ थी। रेकी की ब्रहमाण्ड की शक्तियों द्वारा एक महीनें में ओम का उच्चारण करने लगी और उसके कानों में लगी सुनने की मशीन भी हट गई।

माता-पिता की प्रतिक्रिया

शुक्रिया मैडम - मेरी सात साल की बच्ची को रेकी के माध्यम से स्वस्थ करने के लिए। पहले उसे बच्ची को बोलने और सुनने में परेशानी थी। उसके कानों में सुनने की मशीन लगी हुई थी और वह इशारों से बात करती थी। रेकी द्वारा ब्रहमाण्ड की शक्ति से वह छः महीने में स्पष्ट बोलने और सुनने लगी है। हम आप के बहुत आभारी हैं।

Chandra Korde

Multani M.P

अगला अनुभव

एक 45 वर्षीय महिला के गर्भाशय में 5.3 एम. एम. की गाँठ थी। डाक्टर ने तत्काल आपरेशन करके गर्भाशय निकालने को कहा। उन्होंने रेकी उपचार करवाया। 21 दिन के बाद गाँठ 4.3 एम. एम. हो गई और उसके 21 दिन बाद 2.3 एम. एम. रह गई। तत्पश्चात डाक्टर ने कहा कि ये सामान्य हो गया है। अब आपरेशन की जरूरत नहीं। (महिला की प्रतिक्रिया)

आंटी बहुत-बहुत शुक्रिया आपकी मेहनत के लिए। मुझे रेकी एवं आपके उपचार पर पूरा विश्वास हो गया है। रेकी उपचार ब्रहमाण्ड द्वारा दी गई वो शक्ति है जिसने मुझे आपरेशन से बचा लिया। आपकी मेहनत और ब्रहमाण्ड की शक्तियों के लिए शुक्रगुज़ार हूँ जिन्होंने मेरे शरीर का एक अंदर हिस्सा निकालने से बचा लिया। अब मैं बिल्कुल ठीक एवं स्वस्थ हूँ।

श्रीमति निधि गुड़गांव से

माँ का लाख-लाख धन्यवाद।

इसके बाद माँ ने ऐसी कृपा की कि रेकी माँ ने मेरे द्वारा कोख में पल रहे बच्चे का रेकी उपचार किया। यह विदेश में रहने वाली एक भारतीय महिला के विचार हैं। इनको डॉक्टर ने गर्भ में पल रहे बच्चे के लिए सातवें महीने में बताया कि आपका बच्चा बहुत कमज़ोर है और उस के दिल की धड़कन बहुत कम है। रेकी उपचार के दो दिन बाद, डाक्टर ने उसका फिर निरीक्षण किया और बताया कि बच्चे के दिल की धड़कन

भी ठीक है। दो महीने और उसका रेकी उपचार हुआ और नौंवे महीने उसने एक सुन्दर कन्या को जन्म दिया।

ब्रहमाण्ड और देवी माँ का शुक्रिया।

महिला की माँ की प्रतिक्रिया

इसके बाद रेकी माँ की कृपा से महिला की माँ ने अपना प्रतिक्रिया दी। सुनीता एक महान रेकी हीलर है। इतना ज्ञान होते हुए भी वह बहुत नम्र है। निस्वार्थ सेवा ही उनकी शक्ति है। मेरी सुनीता के साथ रेकी का अनुभव बहुत ही अद्त है। वे दूर से भी फोटो द्वारा हीलिंग करने में विशेषझ हैं। मेरी बेटी माँ बनने वाली थी जिसमें उसको बहुत परेशानियों का सामना करना पड़ रहा था। बच्चे का वज़न सब प्रयास के बाद भी नहीं बढ़ रहा था। डाक्टर ने समय से पूर्व आपरेशन करने को कहा था। परन्तु सुनीता के लगातार रेकी उपचार और प्रार्थना के बाद, मेरी बेटी को नौवें महीने में नार्मल बेटी हुई। मेरे कठिन समय में सुनीता चौबीस घंटे मेरा फोन सुनने के लिए तैयार रहती थी। मैं उस ब्रहमाण्ड एवं सुनीता का शुक्रिया अदा करती हूँ। मेरी जिंदगी में आने का शुक्रिया।

श्रीमती वर्मा कनाडा

इसकें बाद रेकी माँ मेरे द्वारा दो साल के बच्चे का उपचार किया जो एक बीमारी से पीड़ित था। वो स्वयं साइड नहीं पलट सकता था और उसकी आँखें नहीं टिकती थी। लगातार देख-रेख करने से माँ ने ऐसी कृपा की थी कि पाँच महीने में वह बच्चा सबको पहचानने लगा था और हाथ पकड़ कर चलने लगा। ब्रहमाण्ड और माँ का लाख-लाख शुक्रिया।

बच्चे के पिता की प्रतिक्रिया

मेरा बेटा गर्वित पाँच माह पहले बिस्तर पर रहता था। उसकी आँखें नहीं ठहरती थी। मैडम सुनीता के द्वारा हीलिंग से अब वह खड़ा होता है और सहारे से चलता है तथा अब वह कुछ शब्द भी बोलने लगा है। इसके लिए मैडम का बहुत-बहुत धन्यवाद। आप अपना आशीर्वाद गर्वित पर बनाएं रखना।

कुलदीप मानेकर, पोस्ट दमुआ, एम.पी.

एक और प्रतिक्रिया

शुक्रिया आंटी।

मेरे पिताजी किडनी की पीड़ा से अस्पताल में दाखिल हुए। उन्हें अगले दिन डाइलैसिस पर रखने के लिए कहा गया, क्योंकि उनका यूरिया बहुत अधिक हो गया था। आपकी लगातार हीलिंग और प्रार्थना से उनका यूरिया लेवल कम हो गया और उनके शरीर का इन्फेक्शन भी नियंत्रण में आ गया। आप को मैंने जब भी फोन किया, आपने उठाया, आप चौबीस घण्टे फोन पे रहती थी। मैं माँ और ब्रह्माण्ड की शक्तियों को प्रणाम करता हूँ। जिनके माध्यम से आप दूसरों को ठीक कर अपना आशीर्वाद देती हैं।

एम.डी. तिरूवनामलाई तमिलनाडू

अगली प्रतिक्रिया

मैने अपना खाने का रेस्ट्रां शुरू किया था। जिसमें पहले मुझे कोई कमाई नहीं होती थी। इससे मैं बिल्कुल निराश हो गया था। हर समय

नकारात्मक विचार मन में आते थे कि मैं कुछ नहीं कर पाऊंगा। फिर मुझे किसी ने सुनीता जी के विषय में बताया। उनकी हीलिंग और प्रार्थना से मेरा काम और चलने लगा और मेरी सोच सकारात्मक हो गई। उसके उपरांत मुझमे एकदम बदलाव आ गया और मेरा रेस्ट्रां का व्यवसाय दिन प्रतिदिन बढ़ने लगा। मैं ब्रहमाण्ड, देवी माँ को और सुनीता जी का लाख-लाख धन्यवाद करता हूँ।

Dev. Gurgaon.

ऐसे अनेक उदाहरण हैं जिनसे मुझे अत्यन्त खुशी मिलती है। इसके लिए मैं ब्रहमाण्ड की ऊर्जा को लाख-लाख धन्यवाद देती हूँ।

अगली प्रतिक्रिया

शुक्रिया दीदी, जीवन के इस मोड़ पर अपना आशीर्वाद देने के लिए। मैं बहुत समय से अपनी प्रापर्टी बेचना चाह रहा था। पर वह बिक नहीं पा रही थी। अच्छी डील होने के बाद भी आखिरी समय काम नहीं हो पाता था। जैसे ही मैंने आपको सम्पर्क किया, आपसे हीलिंग व प्रार्थना करने के लिए अनुरोध किया, आपने हीलिंग शुरू कर दी और दो ही दिन में मेरा मकान बिक गया। आपका बहुत-बहुत शुक्रिया।

अंकुर मल्होत्रा सैक्टर 102 गुडगाँव

तीसरा नेत्र खोलना

इसके पश्चात मैंने आध्यात्मिक विकास मिशन से तीसरा नेत्र खोलने का कोर्स किया। इसमें अधिक ध्यान लगाने से अधिक ऊर्जा का संचार होता है जो दिव्य शक्ति (तीसरी आँख) को गतिशील करती है। यह शक्ति सबसे महत्वपूर्ण है। इसे आज्ञा व अजना चक्र भी कहते हैं। हमारे हर चक्र के कुछ रंग व कुछ मंत्र होते हैं। जो व्यक्ति जितना आध्यात्मिक व पवित्र होता है उतनी जल्दी उसका ये चक्र खुलता है। इसके खुलने से हमें दिव्य दृष्टि मिल जाती है। ध्यान में उतरने का यह एक अनोखा अनुभव है। दिव्य चक्षु गतिशील होते हैं तो हमारे माथे पर खिंचाव होता है। हमें कभी विभिन्न रंग दिखते हैं, कभी अंधेरी सुरंग में यात्रा का अनुभव होता है। अधिक ध्यान से शरीर में ऊर्जा बढ़ जाती है। और दिव्य दृष्टि मिलती है। दिव्य चक्षु की संपूर्णता से हमें चीजें ज्यादा साफ दिखती हैं वो एक अद्वितीय अनुभव होता है।

हमें महापुरूष और दूत दिखने लगते हैं। जिनका स्वरूप हमारी कल्पना में है हमें तीव्र ज्योति दिखती है। हम उनका संदेश सुन सकते हैं। कभी ध्यान में झटके लगते हैं और कभी शरीर तैरता महसूस होता है। परन्तु बिना गुरू के तीसरी आँख खुलने से हानि भी हो सकती है।

परन्तु इससे बहुत अनोखे अनुभव होते हैं। कहा जाता है जिसकी तीसरी आँख खुल जाती है उसकी कही हर बात सत्य हो जाती है। इसीलिए किसी को भी यह अनुभव होने पर को बुरा नहीं कहना चाहिए या किसी का बुरा नहीं सोचना चाहिए। ऐसा करने वालों की शक्ति नष्ट हो जाती है, ऐसा मेरे गुरूजी ने बताया था। हमें अपनी हर प्रकार की ऊर्जा दूसरों की भलाई के लिए लगानी चाहिए।

इन दिव्य अलौकिक अनुभवों ने मेरा जीवन परिवर्तित कर डाला।

यह मेरा स्वयं का अनुभव है।

ऐन्जेल हीलिंग कोर्स

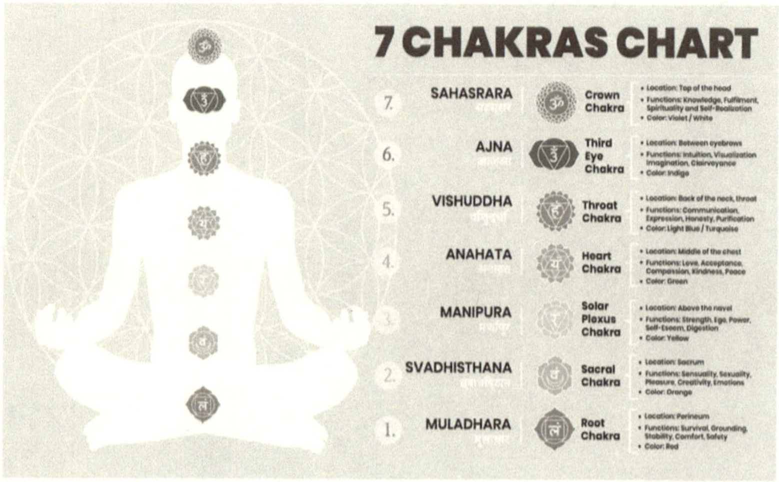

इसके पश्चात मैंने एनजलस द्वारा उपचार विधि एवं एनजलस से संपर्क करना सीखा।

संत कबीर ने महादूत का वर्णन गुरू ग्रंथ साहिब में किया है। प्राचीन मिस्र और ग्रीस में इन्हें परों वाले फरिश्ते कहते हैं, ऐसा शिल्प आकृतियों में अंकित है। समय के साथ एनजलस में विश्वास बड़ा है। आधुनिक लोग एनजलस की उपस्थिति ज्यादा महसूस कर रहे हैं। ऐजिलस प्रेम और प्रकाश का प्रतीक हैं। इनके पास भौतिक शरीर नहीं होता। हम

सभी के अभिभावक भौतिक शरीर की समाप्ति के उपरान्त स्वर्ग के दूत बन जाते हैं। ऐजिल्स हमें हमारी रूहानी होने का एहसास भी दिलाते हैं। हम सभी ईश्वर के प्रिय बच्चे हैं, हम सभी ईश्वरीय शक्ति प्राप्त कर सकते हैं। हम सभी के पास दो गार्डियन एंजल्स होते हैं जो हर समय हमारे साथ रहते हैं। वे तब तक हस्तक्षेप नहीं करते जब तक हम उनसे मदद न मांगें। ऐजिल्स हमें हर परिप्रेक्ष्य में मार्गदर्शन करते हैं। ऐंजल्स का संदेश सदा प्रेम भरा होता है। हमारे पुराणों में एंजिल्स का वर्णन है। इसका शक्तिपात लेने के बाद मुझे ईश्वरीय संदेश आने लगें, इससे मेरी भावनाओं में परिवर्तन आने लगा। इसके बाद मुझे अनोखे अनुभव होने लगे। मेरी एक अच्छी मित्र (जो अब नहीं हैं) ने मेरे द्वारा अपनी बेटियों को संदेश देना शुरू किया। इस तरह कई आत्माएं सकारात्मक विचार लेकर मेरे पास आने लगीं। इनमें से एक मेरे सगे मामा (जो अब नहीं हैं) और एक दिवंगत मौसा थे। जो अपने परिवार को संदेश देने आए थे।

तत्पश्चात मैंने सद् गुरू जी का इन्नर इंजीनियरिंग का कोर्स किया। इसमें तीस घण्टे फौकस रहने का अनुभव था एवं इसमें हमें अपने भीतर जाने का अनुभव करना था। हमें भीतर जाकर (देखना, सुनना, सूंघना, चखना और छूना) इन पाँच इंद्रियों का अनुभव करना था। इससे मेरे भीतर एक अद्त ऊर्जा का विकास हुआ। इस कोर्स ने मुझे भीतर से खुश रहना सिखाया। भीतर की शक्ति जागृत हुई और एक अति संतुष्टि का अहसास हुआ। मानसिक संतुलन हुआ एवं खान-पान भी संतुलित हुआ। इसमें मैंने यौगिक व श्वास क्रियाऐं सीखी। इसके साथ ही शाम्भवी मुद्रा सीखी। इन सबसे मेरा जीवन पहले से बेहतर हो गया।

अन्तराल की यात्रा

इसके पश्चात मैंने आध्यात्मिक विकास मिशन से ऐसेल ट्रेवल का कोर्स किया। (अन्तराल की यात्रा)

वास्तविकता ये है कि आज अधिक से अधिक ध्यान करने से हमें अधिक से अधिक शक्ति मिलती है। हमारी सूक्ष्म चेतना तेजी से घूमने लगती है, जिससे हमारी आध्यात्मिक गतिविधियां बढ़ने लगती हैं। ध्यान में बहुत लीन होने से हमारा सूक्ष्म शरीर भौतिक शरीर से बाहर आने लगता है। ये दोनों शरीर चाँदी जैसे एक डोर से जुड़े रहते हैं। चाँदी की डोर और कुछ नहीं, तेज चेतना है, जो भौतिक से सूक्ष्म शरीर को सूचना देती है और सूक्ष्म शरीर भौतिक शरीर को सूचना देता है। इस तरह हम अन्तराल का सफ़र तय करते हैं। इसमें हमारा भौतिक शरीर पृथ्वी, आग, पानी, हवा से गुज़र सकता है। ध्यान करने वाला व्यक्ति शरीर से बाहर आकर अपने शरीर को देख सकता है। इससे यह स्पष्ट होता है कि हम असीम हैं। ज्यादा से ज्यादा ध्यान से हमें विश्वशक्ति मिलती है जिससे हम हर स्थिति को पूरी तरह समझ पाते हैं। यही हमारा ज्ञान है। साधारण मनुष्य को इसका अनुभव नहीं होता। ध्यान में जाने और अन्तराल की यात्रा से हमारा ज्ञान बढ़ता है। इससे साधक ब्रहमाण्ड को समझ पाता है। जिससे हमारी चेतना का विस्तार होगा। हम जान पाएँगे

कि मृत्यु कभी नहीं होती, हम अनन्त हैं। हम यहाँ एक कण के रूप में जीवित हैं। इस संसार में बहुत अनोखे अनुभव होते हैं, पर ये सब तभी होते हैं, जब ब्रहमाण्ड हमारे लिए ऐसा चाहे।

अध्यात्म की ओर मेरा पथ

कि मृत्यु कभी नहीं होती, हम अनन्त हैं। हम यहाँ एक कण के रूप में जीवित हैं। इस संसार में बहुत अनोखे अनुभव होते हैं, पर ये सब तभी होते हैं, जब ब्रहमाण्ड हमारे लिए ऐसा चाहे।

पूर्व जन्म की यात्रा

यह सब सीखने के बाद मुझे ज्ञात हुआ कि अभी ब्रह्माण्ड के पास बहुत कुछ है सीखने के लिए। मैंने अपने गुरूजी (A.V.M) विकास सर से कहा कि मुझे कुछ और सीखना है तो उन्होंने मुझे पिछले जन्म की यात्रा करने का और सीखने का सुझाव दिया इसके साथ ही मैंने यह कोर्स सीखना शुरू किया। इससे हमनें यह भी सीखा कि इस जन्म में जो समस्याऐं हैं वे कहीं न कहीं पिछले जन्म से जुड़ी हैं। हमने कहीं न कहीं पिछले जन्म में कोई गलती की होती है जिसका प्रभाव इस जन्म में होता है। इस कोर्स से दूरदर्शिता बढ़ती गई। किसी भी चीज़ से यदि डर रहता है तो पिछले जन्म की यात्रा से उस डर की वजह पता चल जाती है।

इससे पहले, कुछ देर ध्यान (Meditation) में रहते हैं इसलिए हमारा दिमाग फिज़ूल की बातों से हट जाता है यानि साफ हो जाता हैं ताकि हम पिछले जन्म में जा सकें। और मैं करीब एक घंटा ध्यान में जाने के बाद अपने पूर्व जन्म में गई। पूर्व जन्म में, मैंने देखा कि मेरी माँ बहुत जवान हैं और इसी जन्म वाली माँ, पिछले जन्म में भी मेरी माँ थी। मेरे दो छोटे बच्चे थे। और पति से झगड़ा रहता था। एक दिन वो मुझे मारने को दौड़े तो मैंने कुएं में कूदकर आत्महत्या कर ली। उसी समय मैंने देखा दुर्गा माँ मेरी आत्मा ऊपर ले गई। शायद इसी जन्म में, बचपन में ही देवी माँ ने मुझे दर्शन दिए और हरदम मैं महसूस करती हूँ कि देवी माँ मेरे साथ है। पिछले जन्म में अपने कर्म पूरे न करने के कारण मुझे आज वही कर्म इस जन्म में पूरे करने पड़े। इस कोर्स को करने के बाद, मैंने बहुत बार आत्महत्या करने का सोचा। परन्तु यह कोर्स करने के बाद वो विचार मेरे दिमाग से निकल गए और जो दो बच्चे मैं छोड़कर गई थी, इस जन्म में, वो मुझसे छूट गए। यह सब बताने का मेरा तात्पर्य यह है कि हमें कभी भी आत्महत्या करने का नहीं सोचना चाहिए, क्योंकि इससे या तो हमारी आत्मा भटकती रहती है या हमें अगला जन्म लेकर अपने पिछले कर्म पूरे करने पड़ते हैं। जो तुम्हें जन्म मिला है, प्रभु ने तुम्हें जीवन दिया है, उसे पूर्ण करके जाना चाहिए। जो दुःख या दर्द तुम्हें मिले हैं उसे पूर्ण करके जाना चाहिए। नहीं तो तुम्हें अगला जन्म लेकर तथा उसे सहकर ही यहाँ से जाना है। हाँ प्रभु से प्रार्थना करके हम उस दर्द को कम कर सकते हैं। वो प्रभु या देवदूत तुम्हारे दुःख जरूर कम करेंगे।

जीवन परिवर्तन

मैंने महसूस किया कि मुझे अभी और भी अधिक ध्यान में जाना है। मुझसे मेरा अहम छूटता गया।

ब्रह्ममुहूर्त में उठना मेरे लिए ब्रह्माण्ड का उपहार है। प्रातः तीन बजे मुझे ऐसा महसूस होता है कि प्रभु मुझे खुद उठाने आते हैं। इसके पश्चात मैं ध्यान में लग जाती हूँ और प्रतिदिन नए अनुभव करती रहती हूँ।

अब मैं प्रकृति की हर वस्तु का अधिक आनन्द लेने लगी। पेड़-पौधे, पक्षी, नदियाँ, पर्वत मुझे सब लुभाने लगे। मैं घण्टों बैठकर इन सबको निहारती और अपने हृदय के अंदर उतारती हूँ।

ब्रह्माण्ड की शक्तियों से मेरी आत्मिक जागृति हुई और मेरे जीवन का उद्देश्य बदल गया। किसी से भी किसी प्रकार का गिला-शिकवा समाप्त हो गया। क्षमा का भाव मेरे स्वभाव में आ गया। स्वयं प्रभु से मैं दिन-रात क्षमायाचना करने लगी। अभी मुझे अपनी अन्तरात्मा पर काम करना था क्योंकि मेरी आत्मा अभी भी स्वस्थ नहीं थी। मस्तिष्क में न जाने कितनी भावनाऐं जमा हैं जिन्हें मुझे अब भी बाहर निकालना है। इससे मुझे सब चिन्ताओं से मुक्ति मिल जाती है। चिन्ता हमारी मानसिक ऊर्जा को कम करती है। यदि हम किसी सुन्दर प्राकृतिक दृश्य को लगातार निहारते रहें, तो उसके गुण दिखाई देने लगते हैं। हमारा उलझा हुआ मस्तिष्क शांत हो जाता है और हमारे सोचने समझने की शक्ति बढ़ जाती है और हम अपने जीवन में प्रयत्नशील हो जाते हैं। **यह मेरा स्वयं का अनुभव है।**

इसके साथ-साथ मैंने श्री श्री रविशंकर जी का आर्ट आफ लिविंग कोर्स किया। इससे मैंने जीवन जीने की कला सीखी। सुख-दुःख में सम रहना चाहिए। हर किसी को जिस रूप में है, उसी रूप में स्वीकार करें। यह चिन्ता न करें कि दूसरा व्यक्ति हमारे बारे में क्या सोच रहा है। हर एक की भूल को क्षमा करें। हर समय मुस्कुराएँ और सब की सेवा करें। प्रत्येक व्यक्ति को वर्तमान में जीना चाहिए। इसके अलावा मैंने सुदर्शन क्रिया व प्राणायाम सीखा। जिससे मुझे बहुत लाभ हुआ। जिससे मेरी कई शारीरिक बीमारियां ठीक हुई। हमारे श्वासों द्वारा न केवल हमारा शरीर बल्कि सोचने-समझने की शक्ति भी ठीक होती है।

यह हमारी आत्मा तक स्वच्छ करती है। हमारे विचार बदल जाते हैं। श्वासों में संयम आने से हममें भी संयम आ जाता है। हम हरदम खुश रहने लगते हैं।

इसके साथ ही हमें दूसरों की सेवा करके भी अपार सुख की अनुभूति होती है। मेरे जीवन का ध्येय आनन्द की अनुभूति है, चाहे आध्यात्मिक यात्रा से हो या सेवा से। मैं महसूस करती हूँ कि इससे पहले का जीवन मैंने व्यर्थ गंवाया। आध्यात्मिक जीवन ने मानो, मेरी काया-पलट कर रख दी। इससे मुझे नए जीवन का अनुभव हुआ। पहले मैं आन्तरिक परेशानियों से त्रस्त रहती थी पर अब मुझपर किसी परेशानी का कोई असर नहीं होता।

इसके बाद मैंने सूर्य की किरणों में नवजीवन महसूस किया और सूर्य-स्नान का अनुभव किया। सूर्य स्नान शरीर एवं दिमाग दोनों के लिए बहुत लाभदायक है, इससे शरीर में एक अलग स्फूर्ति का अनुभव होता है। सीधा सूर्य स्नान बहुत ही स्वास्थ्यवर्धक है। इससे मेरी नकारात्मक ऊर्जा का नाश हुआ और स्मरण शक्ति भी बढ़ी। सूर्य स्नान से अहंकार की भावना भी समाप्त होती है और हमारा वास्तविक रूप भी सामने आता है। इसके अलावा सूर्य त्राटक भी बहुत लाभकारी है। धीरे-धीरे मुझे भविष्य की अनुभूति होने लगी और ब्रहमाण्ड मेरे माध्यम से लोगों को जो बताने लगा, वह धीरे धीरे सच निकलने लगा। इसके साथ ही मुझमें यह अन्तर आया कि मैं लोगों से पहले से अधिक हमदर्दी रखने लगी, हरएक का दुःख अपना समझने लगी। लोगों की निरर्थक बातें मुझे पसन्द नहीं आतीं। ऐसे लोगों से मैं दूर रहने लगी। अब मुझे ब्रहमाण्ड की शक्तियों पर हद से ज्यादा विश्वास होने लगा। मुझे यह भी विश्वास हो गया कि वो हर उस व्यक्ति, जो पवित्र आत्मा है, पर खास मेहरबान होती हैं।

इसके बाद मेरे साथ एक और चमत्कार हुआ। मैं ध्यान के समय किन्हीं संत महात्मा को देखने लगी, जो हरिद्वार में रहते हैं। मैं हरिद्वार जाकर उन महात्मा जी को खोजने के लिए, जाने का विचार बनाने लगी और मैंने वहाँ जाने का प्रोग्राम बना लिया। इससे पहले ही, प्रभु ने ऐसी कृपा की, कि किसी ने मुझे बताया कि यहाँ 110 वर्ष के महात्माजी गीता प्रवचन के लिए आए हुए हैं। मैं भी उनके दर्शन के लिए गई तो मैंने पाया कि ये तो वही महात्मा हैं, जिन्हें मैं ध्यान में देखती थी, मैं उन्हें देखकर गदगद हो उठी, आँखों से अश्रुधारा बह निकली, प्रभु पर और ब्रहमाण्ड पर विश्वास के लिए इससे ज्यादा क्या चाहिए? उनका आशीर्वाद पाकर मैं धन्य हो उठी।

बाधाएं आना

इसके बाद फिर कुछ नकारात्मक व्यक्तियों द्वारा साधना मार्ग से मैं धकेली जाने लगी। वे मुझे मानसिक रूप से परेशानी देने लगे ताकि मैं साधना न कर पाऊँ। पल-पल का सुकून मुझसे छीनने लगे, पर मेरा दृढ़ निश्चय था कि मुझे उन्हें जीतकर आगे बढ़ना है। हर पल- हर क्षण मुझे उन नकारात्मक शक्तियों को हराना है। वे मुझे जितना पीछे धकेलतीं, उतनी ही दृढ़ता से मैं आगे बढ़ती। इससे मैं यह बताना चाह रही हूँ कि यदि मैं इतनी परेशानियों के बाद आध्यात्म की ओर बढ़ सकती हूँ तो हर कोई इस पथ पर जा सकता है। यह एक ऐसा मार्ग है जो हमें काम, क्रोध, लोभ और मोह से दूर ले जाता है। यही सत्यता और विश्वशांति का मार्ग है। इस समय हर व्यक्ति शांति की तलाश में भटकता है, यदि वो आध्यात्म के रास्ते पर चल पड़े तो उन्हें यहीं शांति मिल सकती है। इससे हमारी आत्मा भी संतुष्ट होती है। **यह मेरे स्वयं का अनुभव हैं।**

साधना की भूमिका

मनुष्य हर समय भौतिक वस्तुओं की तलाश में भटकता है, यदि वो अपने अंदर सा हृदयता से तलाशे तो प्रभु की प्राप्ति हो सकती है। यदि एक स्त्री आध्यात्म के मार्ग पर चले तो उसका पूरा परिवार संस्कारिक व पवित्र हो जाता है। यद्यपि मैं ज्ञानी नहीं हूँ पर अनुभवों के आधार पर बता रही हूँ। यह शरीर नश्वर है जिसे जलकर नष्ट हो जाना है, परन्तु आत्मा सबकी एक समान है। इसीलिए आत्मा को पवित्र व ऊर्जावान रखें, क्योंकि यह आत्मा ही साथ जानी है।

हम अपने शरीर से जैसा चाहें, यह वैसा ही कार्य करता है, केवल हमारा संकल्प दृढ़ होना चाहिए प्रभु में, यदि हम सब प्रभु को पाना चाहें और उसमें रम जाऐं तो उसको पा सकते हैं। जब हम चारों ओर निराश हो जाते हैं तो प्रभु हमें थाम लेते हैं। इससे प्रभु कृपा हम पर सदैव बनी रहती है, यदि हम मन से उसे पुकारें। तो वो ऐसी कृपा कर जाते हैं कि हम सोच भी नहीं सकते। जिसने प्रभु का प्यार, प्रभु की कृपा पा ली, उसे किसी और की कोई जरूरत नहीं। परन्तु हम जो प्रभु के बारे में जानते हैं, हमें उसको अपनों में बांटना चाहिए जिससे औरों का भी उद्धार हो सके। हम जितना ज्ञान बाँटेंगे, हमारे अंदर उतना ही ज्ञान बढ़ेगा। प्रभु को पाने, जानने के लिए हमें प्रभु में लीन होना होगा। जो लोग प्रभु में

विश्वास करते हैं, वे सदा प्रभु की भक्ति में लीन रहते हैं। परन्तु प्रभु हमें दुःख और सुख दोनों देते हैं। हमें दोनों ही स्वीकारने हैं। प्रभु में रमने पर वो अपना अस्तित्व हमें ज़रूर दिखाते हैं। इसके लिए हमें प्रभु से टूट के प्रेम करना चाहिए। प्रभु किसी न किसी रूप में आपके पास जरूर आते हैं, बस हम ही उनको पहचान नहीं पाते। यदि हम प्रभु के साथ मन लगाये रखेंगे तो वो भी हमें कभी नहीं छोड़ेंगे। परन्तु प्रभु को पाने के लिए कठिन तपस्या की आवश्यकता है। जितना नाम हम उसका स्मरण करेंगे उतना ही प्रभु के नज़दीक जाऐंगे। प्रभु को पाने के लिए सांसारिक गतिविधियों से मन हटाकर बिलकुल साफ करना होगा। प्रभु हर समय हमारे अंदर है, परन्तु हमें उसे प्राप्त करने की आवश्यकता है। प्रभु निस्वार्थ सेवा से भी प्रसन्न होते हैं। किसी भी रूप में हम किसी की मदद करें, इससे प्रभु बहुत प्रसन्न होते हैं। सबसे अधिक प्रभु गौसेवा से प्रसन्न होते हैं। हम प्रभु को पाने की कामना करें तो उस को अवश्य पाऐंगे। यदि हम ब्रहममुहूर्त में उठना चाहें तो उठ सकते हैं और साधना में बैठ सकते हैं। धीरे-धीरे हम पूर्ण रूप से साधक बन जाएँगे। यह मेरा स्वयं का अनुभव है। सकारात्मक एवं उच्च विचार से हम जो चाहें, पा सकते हैं। ईश्वर, ईश्वरीय शक्ति, ईश्वरीय अनुभव और संतों की संगति हमें कहीं भी पहुँचा सकती है। (आध्यात्मिक रूप में) संतों की संगति से हमारे विचारों में सकारात्मकता बढ़ जाती है। हम दूसरों के दुःख में दुःखी और दूसरों की खुशी में खुश होने लगते हैं।

ब्रहमाण्ड के करीब जाने से वह हमें अपना लेता है। वह हमारे हर प्रश्न का उत्तर किसी न किसी रूप में देता है। ब्रहमाण्ड हमेशा हमारी भलाई चाहता है, हमारा उत्थान चाहता है। ब्रहमाण्ड हर आने वाले समय के विषय में किसी न किसी रूप में संदेश देता है। कभी सपनों के

द्वारा, कभी किसी संदेश के द्वारा तथा कभी किसी संकेत के द्वारा वो हम तक पहुँच जाता है।

हमारे मस्तिष्क में न जाने कब से विषैले पदार्थ जमा हैं जिन्हें बाहर निकालना आवश्यक है। मानसिक रूप से स्वस्थ होने से हम चिन्ता से दूर होते हैं, क्योंकि चिन्ताओं से व्यक्ति की मानसिक ऊर्जा कम हो जाती है और हम ध्यान में नहीं बैठ पाते। ध्यान का सहारा लेकर हमें अपने विचारों को शुद्ध करना है। इससे हम शांत रहेंगे और हमारी सोचने समझने की शक्ति और बढ़ेगी तथा हमें अपार सुख की अनुभूति भी होगी।

अध्यात्म व ध्यान

मेरे जीवन का ध्येय आनन्द की अनुभूति है, चाहे वो आध्यात्मिक यात्रा से हो या सेवा से। मैंने महसूस किया कि इससे पहले का जीवन व्यर्थ गंवाया। आध्यात्मिक जीवन ने मानों, मेरी काया पलट कर रख दी। इससे पूर्व मैं आन्तरिक परेशानियों से त्रस्त रहती थी पर अब मुझपर किसी परेशानी का कोई प्रभाव नहीं होता है।

अपनी आत्मा के और करीब जाने के लिए मैंने मौन व्रत रखने शुरू किए। इससे मुझे स्वयं को पहचानने में मदद मिली कि मैं कौन हूँ, क्या हूँ, और क्या चाहती हूँ। मौन रहकर मैं ब्रहमाण्ड को और गहराई से जान पाई। ब्रहमाण्ड की वह गहराई जिसमें जितना डूबो उतना जानो।

मौन में केवल शब्दों से नहीं, अन्दर से भी मौन होना है, परन्तु इसमें स्वयं को कष्ट नहीं देना चाहिए। क्योंकि इस में स्वयं को प्रसन्न रखना है। मौन में आत्मा को तालाब के पानी जैसा स्थिर रखा जाता है। मौन से हमें यश, कीर्ति, सुख एवं शांति की प्राप्ति होती है। इससे हमारी हर समस्या का समाधान शीघ्र मिल जाता है। मौन रहने से हमारी सोचने-समझने की शक्ति बढ़ जाती है। इससे हमारे मस्तिष्क में नए-नए विचार आते

हैं, गलत विचार दूर होते हैं, क्रोध कम होता है और मन शांत होता है। मौन रहकर बेचैन नहीं; बल्कि शांत होना चाहिए। इसमें हम भीतर की यात्रा जल्दी कर पाते हैं। मौन रहकर हमें अपनी कमियों का अहसास होता है। यदि हम स्वंय को जानना चाहते हैं तो मौन अवस्था में जाना होगा। इससे हम नई ऊर्जा भी पाते हैं और हमारा अन्तर्मन जागृत होता है। मौन रहने से चिंतन अधिक होता है और हमारी सहनशीलता बढ़ती रहती है।

मुझे मौन रहकर यह अनुभव हुआ कि, मैं अन्तर्मन से मिली। मुझे सफेद प्रकाश का अनुभव हुआ- ऐसा प्रकाश, जिसने मुझे, मुझसे मिला दिया। मौन रहकर मैं परमात्मा के और करीब हो गई। मौन ध्यान से मैंने असीम धैर्य को पाया है।

परन्तु अभी मुझे बहुत दूर जाना है, क्योंकि अभी मेरा सफर आरम्भ हुआ है। मैं ईश्वर की खोज में लगी फिर दिन-रात की साधना के बाद, मुझे ईश्वर की वाणी सुनाई दी। फिर मुझे महसूस हुआ कि दुर्गा माँ ने दर्शन दिए। मैं साधना में लीन हो गई, परन्तु मै लगातार जप-तप करती रही। इसके बाद मुझे लगा कि भोले नाथ शिव ने अपने दर्शन देकर मुझे कृतार्थ किया। परन्तु नकारात्मक व्यक्ति अभी भी मुझे मेरे मार्ग से हटाने की चेष्टा में लगे रहे। परन्तु मैं अपने पथ से नहीं डगमगाई। धीरे-धीरे संसार में रहकर मैं मोह त्याग करने लगी और आध्यात्म की ओर बढ़ने लगी। हर पल यह महसूस करने लगी कि ब्रहमाण्ड मुझसे कुछ और चाहता है। धीरे-धीरे मानों मैं ब्रहमाण्ड में समाने लगी।

ध्यान से मुझे नकारात्मक शक्तियों से छुटकारा मिला, मेरी अहंकार की भावना समाप्त हुई। हम सभी इस मार्ग पर चलने की कोशिश कर सकते हैं। यह ऐसा मार्ग है जो हमें काम, क्रोध, लोभ एवं मोह से दूर ले जाता है।

क्रोध हमारे मार्ग से भी हमें दूर ले जाता है। मानसिक तनाव एवं क्रोध से हमारे हार्मोंस असंतुलित हो जाते हैं और घातक रसायनों का स्राव होने लगता है। इससे रक्तचाप व हृदय की धड़कन बढ़ जाती है एवं शरीर में शर्करा का स्राव कम होता है या बढ़ता है। तनाव से शरीर में हवा भरती है एवं दिल की बीमारियां होती हैं। यदि हम ध्यान या पूजा-पाठ से सकारात्मक ऊर्जा पाऐं और पाँच मिनट का क्रोध करें तो वह एक घण्टे की सकारात्मक ऊर्जा नकारात्मक ऊर्जा में परिवर्तित हो जाती है। हमारे जीवन का उद्देश्य है, नकारात्मक विचारों से मुक्त होना। हमें अपने जीवन को आनन्दपूर्ण बनाना है। अहंकारी व्यक्ति को क्रोध अधिक आता है, आध्यात्मिक लोगों को क्रोध कम आता है। जो व्यक्ति शांति के मार्ग पर चलना चाहते हैं, यदि क्रोध न करें तो विश्व में शांति हो जाऐ।

इसके पश्चात हमें मोह की ओर भी ध्यान देना होगा। हमें मोह एक सीमा तक करना है, सीमा से अधिक मोह हमें विनाश की ओर ले जाता है और हम अध्यात्म के मार्ग पर नहीं चल पाते। कृष्ण भगवान भी कहते हैं कि मोह बुद्धि की अज्ञानता का कारण है और इसी अज्ञानता के कारण मनुष्य भौतिक आकर्षण में फँस जाता है। जब मनुष्य सत्य-असत्य का भेद जानकर नित्य एवं अनित्य का भेद जान जाता है तो वह निरासक्त हो जाता है। उसमें किसी वस्तु का आकर्षण नहीं रहता। ज्ञान प्राप्ति के बाद मोह का त्याग करना है। मोह किसके लिए करना है? हमें इतना मोह नहीं करना कि हम उस बंधन से निकल नहीं पाऐं। यह हम अपने बच्चों से अत्यधिक प्रेम करते हैं, और वे बड़े होकर हमें छोड़कर चले जाते हैं तब हमें सहन नहीं होता। इसीलिए हमें एक सीमा तक मोह करना चाहिए, ताकि बाद में हम दुःखी न हों। प्रभु से हम जितना अधिक मोह करेंगे, उतना ही वे करीब आऐंगे, हमें छोड़कर नहीं जाऐंगे। मोह

हमें साधना, ध्यान से करना चाहिए, ताकि हम अध्यात्म के पथ पर आगे बढ़ पाऐं।

सबसे बड़ी शक्ति है ईश्वरीय शक्ति तथा उसका अनुभव। जब हम साधना में ब्रहमाण्ड के पास पहुँच जाते हैं तो ब्रहमाण्ड हमारी सदा भलाई व उत्थान चाहता है। इसीलिए हमें हर सफलता के बाद ऊपर ब्रहमाण्ड की ओर देखकर उसका शुक्रिया अदा करना चाहिए। यदि हम किसी जानवर को देखें जैसे गाय, भैंस को जो हर जुगाली के बाद ऊपर देख प्रभु का धन्यवाद करती हैं। इसी तरह, हर खिलाड़ी हर जीत के बाद ऊपर देख प्रभु का धन्यवाद करता है। हम क्यों किसी भी सफलता के बाद उसका धन्यवाद करना भूल जाते हैं? ये ब्रहमाण्ड की शक्तियाँ हैं जो हर कामयाबी के पश्चात अपनी ओर खींचती हैं। जो भी व्यक्ति अपनी सफलता, अपनी खुशी में प्रभु को शामिल नहीं करता वह शायद उलझे व्यक्तित्व का होता है। हमें सुबह उठते ही दिन की शुरूआत के लिए प्रभु को धन्यवाद बोलना चाहिए। यदि हम हर परिस्थिति के लिए प्रभु के लिए कृतज्ञ रहें तो नकारात्मकता भी सकारात्मकता में बदल जाती है। हर समय शुक्रिया कहते रहने से समाज में भी सभ्य व नम्र कहलायेंगे। हमें हर रोज प्रभु की हर देन के लिए जैसे पेड़-पौधे, फल-फूल, सूर्य, चाँद की रोशनी, तारों की जगमगाहट, सबके प्रति शुक्रगुज़ार होना है। इसके पश्चात हमें माता-पिता का भी आभारी होना है, जिन्होंने हमें जन्म दिया, पाला-पोसा। अपने गुरूजन के प्रति भी आभारी होना है, जिनकी वजह से आज हम यहाँ पहुँचे हैं। हमें आभारी होना चाहिए उस प्रभु का जिन्होंने हमें सुन्दर जीवन एवं यह स्वस्थ शरीर दिया। तथा हमें एक सुन्दर परिवार भी दिया।

उस ब्रह्माण्ड, जिन्होंने हमें यह सब दिया उसकी ऊर्जा हर जगह है उसे ढूंढने में मुझे बहुत समय लगा। अभी भी उनका एक अंश ही जान

पाई हूँ। उन शक्तियों ने मुझे आत्मशुद्धि का रास्ता बताया। जैसे कि हमें अपनी सचेत बुद्धि के अधीन नहीं होना। आत्मशुद्धि के लिए सोचना है। हमारी वास्तविक प्रसन्नता हमारी आत्मा के शुद्ध होने और दूसरों को खुशी देने में है। यदि हम कोई गलत कार्य करें तो हमारी आत्मा हमें उसका अनुभव कराती है।

अध्यात्म के पथ पर पल-पल कठिनाइयों का सामना करना पड़ता है जैसा कि मुझे करना पड़ा। हर कदम पर नकारात्मक शक्तियाँ आगे बढ़ने से रोकती हैं पर हमें भागना नहीं है, हारना नहीं है।

प्रकृति की हर सुन्दर वस्तु से मैं प्रेम करने लगी हूँ। प्रकृति की हर वस्तु से मुझे अथाह प्रेम होने लगा जैसे पेड़-पौधे, फल-फूल, नदियाँ और पर्वत। इन्हें देखकर मैं भाव-विभोर हो जाती हूँ। घंटों बैठकर प्रकृति के इन खूबसूरत वरदानों का आनन्द आज भी लेती हूँ। आनन्द पूर्वक इस ध्यान में जाकर मैंने ब्रहमाण्ड की ऊर्जा को पाया है।

ये सब आनन्द लेने के साथ, मैं अपने श्वासों से जुड़ने लगी और ध्यान में बैठने लगी। ध्यान का श्वासों से गहरा संबंध है। जब हम श्वासों पर ध्यान देते हैं और लगातार ध्यान देते रहते हैं तो बाह्य जगत से ध्यान हट जाता है और हम अपने अंदर की यात्रा पर चले जाते हैं। हमारा श्वास हमारी अलग-अलग मनोदशा में अलग-अलग तरह से चलता है। जैसे क्रोध में श्वास तेज चलता है, करूणा और प्रेम में श्वास शांत रहता है। मन के भाव बदलते ही श्वास की गति बदल जाती है। ये श्वास हमारी चेतना का आधार है। इन्हीं श्वासों पर नियंत्रण रखकर हम गहरे ध्यान का अनुभव करते हैं। इससे हमें तरह-तरह के अनुभव होते हैं, इससे मन की शक्ति बढ़ जाती है। इसमें हम अपनी सहज श्वास को आते-जाते देखते हैं। हमें अपनी श्वासों पर नियंत्रण रखना होता है। हम अपनी हर आते-जाते श्वास

को देखते हैं। क्योंकि तभी हम अपने श्वासों पर नियंत्रण कर पाऐंगे? हमें अपना मन शांत एवं सहज करना है। इसमें हर तरह की आवाज़ को स्वीकारना है। किसी भी आवाज़ का विरोध करने से हम ध्यान में नहीं जा पाऐंगे। **मेरे स्वयं के अनुभव।**

हमारे ऋषि मुनियों ने ध्यान जप-तप द्वारा तारा मंडल की खोज सदियों पूर्व की, जो हमारे आज के वैज्ञानिक अब कर रहे हैं। ध्यान में जाकर हम ईश्वरीय शक्तियों का अनुभव करते हैं, सौर्य मंडल से जुड़ते हैं और स्वयं से मिलते हैं। यह ध्यान और ब्रहमाण्ड से मिलन हमें आनन्दपूर्वक करना चाहिए। ध्यान के इस अनुभव से हम जाति-धर्म से दूर चले जाते हैं यानी सब धर्म समान लगने लगते हैं। क्योंकि ध्यान के समय मैंने पाया कि ब्रहमाण्ड की ऊर्जा सबके लिए समान हैं। ब्रहमाण्ड एक सागर है। यह सागर सभी के लिए बराबर है। इससे हमें परम आनन्द की अनुभूति होती है। इससे उस आनन्द की प्राप्ति भी होती है जो सांसारिक भोगों में नहीं है। सांसारिक भोगों का आनन्द क्षणिक है, वास्तविक आनन्द तो ध्यान में है। ब्रहमाण्ड की ऊर्जा की अनुभूति भी ध्यान से होती है। जैसे हम ध्यान से बाहरी ऊर्जा प्राप्त करते हैं ऐसे ही हम स्वयं के भीतर जाकर भी अन्धकार से प्रकाश की ओर जाते हैं। ध्यान से हमारा कण-कण जागृत हो जाता है, मन की हर भावना और कामना सात्विकता में परिवर्तित हो जाती है। लगातार साधना से ब्रहमाण्ड से साधक पर अमृत वर्षा होती है।

ध्यान का एक और अनुभव पुनः लिखती हूँ। पूर्णिमा की रात ध्यान का विशेष महत्त्व होता है। इस रात चाँद धरती के बहुत करीब होता है। इस रात चंद्रमा की किरणों से अधिकाधिक हमें उर्जा मिलती है। हर पूर्णिमा की रात, मैं चंद्रमा की रोशनी में ध्यान में बैठती हूँ। (एक रात

का अनुभव) मुझे लगा कि मेरा सहस्रार चक्र अन्दर से चरमरा रहा है और ये अलग हो रहा है। अगली सुबह ब्रहममुहूर्त में, मैं ध्यान में बैठी तो सहस्रार चक्र में सफेद प्रकाश का अनुभव हुआ तभी ज्ञात हुआ कि सहस्रार चक्र में आलौकिक शक्तियों का आगमन होता है।

प्रभु को पाने के लिए मन के द्वार खोलने पड़ते हैं जैसे सूर्य की रोशनी घर के अन्दर लाने के लिए हमें घर के द्वार खोलने पड़ते हैं, तभी सूर्य की रोशनी अन्दर आती है। इसी तरह हमें अपने अन्तर मन को जागृत करना पड़ता है, तभी प्रभु तक जाने का रास्ता खुलता हैं। यह हम एक दिन में नहीं कर सकते। इसके लिए हमें स्वयं को समय देने की आवश्यकता है। इसके लिए हमें स्वयं को जानना है। हम प्रभु में हैं और प्रभु हममें है। स्वयं से मिलन ही ध्यान है। ध्यान में जाने के लिए हमें उसके लिए परिश्रम छोड़ना होगा, विचार त्यागने होंगे, तभी ध्यान लगेगा। ध्यान के

लिए आवश्यक नहीं कि हम घंटों आँखें बंद कर बैठे रहें, यदि हम सूर्य, चाँद या फूलों को एकटक देख रहे हैं और मौन हो गए हैं, उस समय का नाम भी ध्यान है। ध्यान के लिए हमें मन की दौड़-भाग छोड़नी होगी, शांत होना होगा तभी ध्यान में मन लगेगा। यदि हम 24 घंटों में आधा घंटा भी शांत होकर ध्यान में बैठ जाऐं तो समझो ध्यान लग गया।

ध्यान में लगातार बैठने से हमें प्रकाश का अनुभव होता है, यह हमारे भीतर का प्रकाश है। रोशनी बढ़ती है तो इसका तात्पर्य यह है कि हम और गहरे ध्यान में उतर रहे हैं। कभी-कभी मेरे ध्यान में प्रकाश के रंग बदलने लगते हैं। इससे मुझे ज्ञान हुआ कि यह मेरे भीतर की ऊर्जा है। इससे मेरे शरीर में कई परिवर्तन आए। हर रंग के प्रकाश दिखने से मुझे, गुरू के माध्यम से ज्ञात हुआ कि मेरे चक्र जागृत हो रहे हैं। परन्तु यह आध्यात्म की ओर जाने का अंतिम द्वार नहीं है। यह शायद मेरे सफर की शुरूआत है।

ध्यान में कभी भी बैठ सकते हैं। जब भी रात को नींद खुले तो हम ध्यान में बैठ सकते हैं। ध्यान थोड़ी कठिनाई से लगता है, पर एक बार लग गया तो जल्दी लगने लगेगा। यदि हम बहुत खुश हैं तो समझ लें कि प्रभु हमारे बहुत पास हैं। उसी समय ध्यान में बैठ जाएँ तो ध्यान लगेगा। ध्यान के समय जो ऊर्जा आपके अन्दर आ गई, वही प्रभु है। यदि मन से हम ध्यान करना चाहते हैं तो कोई न कोई मार्गदर्शक जरूर मिलता है। हमें ध्यान में जाने के लिए कहीं बाहर नहीं भागना है, बल्कि अपने अंदर जाना है, वही ध्यान है। हमें ध्यान में जाने के लिए और समय की प्रतीक्षा नहीं करनी है, समय रहते ही ध्यान में जाना है।

ध्यान में होने वाले मेरे अनुभव हैं- ध्यान में हाथ-पैर सुन्न हो जाते हैं। कभी अनुभव होता है, सिर में कुछ हो रहा है, कभी शरीर भारी हो जाता है। कभी अचानक एक ऊर्जा का एहसास होता है। कभी हमारा आज्ञा-

चक्र खुल जाता है। कभी पूरा शरीर सुन्न हो जाता है। कभी हम ध्यान में बादलों में घूम आते हैं, ध्यान में लगातार बैठने से गहरे ध्यान में डूब जाऐं और फिर आँखें खोलकर आकाश के उन सितारों को देख पाते हैं, जो वैज्ञानिक दूरबीन या अन्य उपकरणों द्वारा हमें दिखाई देते हैं।

लगातार ध्यान में जाने के बाद हम मन को वश में कर लेते हैं, इसके बाद मन इधर-उधर नहीं भटकता और हमारे अनुसार चलता रहता है।

संसार में हर व्यक्ति के जीवन में समस्याऐं आती हैं, पर ध्यान के द्वारा उन समस्याओं का समाधान मिल जाता है। ध्यान में जितना गहरा उतरें और मौन रहें तो उतनी ही हमारी ऊर्जा दुगुनी हो जाऐगी। जितना व्यर्थ में बोलेंगे उतनी हमारी ऊर्जा नष्ट होगी। (ये मेरे स्वयं के अनुभव हैं।)

ध्यान में जाने के लिए हमें उसमें खो जाना है। इसमें मन में हर परिस्थिति में सम रहना है। हम सांसारिक कार्यों में भी अधिक सक्षम हो जाते हैं। हर परिस्थिति में हम सक्षम रहते हैं, चाहे वह परिस्थिति घर की हो या कार्यस्थल की। ध्यान से हमारी छठीं इन्द्रिय जागृत हो जाती है। इससे हमें ज्ञान की प्राप्ति हो जाती है। हमें किसी की बुराई नहीं दिखती, कोई कितना भी नकारात्मक हो, हमें फर्क नहीं पड़ता। नकारात्मक व्यवहार करने वालों की आलोचना करने के बजाये हम उन्हें सकारात्मक करने की कोशिश करते हैं। हम जल्दी क्रोधित या विचलित नहीं हों। यदि कोई साधक किसी से प्रेम करे तो उसका समय व्यर्थ न गँवाकर उसका उत्थान करना चाहिए। यदि हम उसकी नकारात्मकता न हटा पाऐं ते उसे नियंत्रित करना चाहिए। **ऐसा मेरा स्वयं का मानना है।**

प्रभु की इच्छा रखने वाले उन्हें एकदिन में नहीं पा सकते। इसके लिए उन्हें प्रयत्न यानी साधना करनी पड़ेगी। बिना ध्यान बिना साधना, हम कुछ नहीं पा सकते। उदाहरण के लिए हम आज बीज बोऐं और आज ही फल की इच्छा करें, तो फल नहीं मिलेगा। हमें फल पाने के लिए मेहनत करनी पड़ेगी। दिन-रात उस फसल का ध्यान रखना पड़ेगा, तभी मेहनत का फल मिलेगा। इसी प्रकार प्रभु की इच्छा रखने वालों को तुरंत प्रभु नहीं मिल पाऐंगे। हमें अपनी आत्मा और मन को पवित्र बनाना होगा। इसके लिए हमें साधना, ध्यान व प्रभु की भक्ति करनी होगी, जब उसमें सफल हो जाऐंगे तो हमें स्वयं में ही प्रभु की प्राप्ति सरलता से हो जायेगी।

ध्यान में जाने के लिए हमें मन को संयम में रखने की आवश्यकता है। जो समय बीत गया उसकी अच्छी स्मृतियाँ पास रखनी चाहिए, जो नकारात्मक स्मृतियाँ हैं उनके बारे में सोचना नहीं चाहिए, क्योंकि इससे ध्यान के समय हमारी ऊर्जा कम हो जाती है। दुःखद यादें हमें अपने मार्ग से भटकाती हैं। मेरे अनुभव से नकारात्मक परिस्थिति हमें ध्यान की ओर प्रेरित करती हैं क्योंकि अधिक परेशान होने पर ध्यान की ओर अधिक जाते हैं और ध्यान में बैठते हैं। मैंने पहले भी उन नकारात्मक परिस्थितियों का धन्यवाद किया था, जिनसे दूर जाने के लिए मैंने ध्यान का सहारा लिया और आज घंटों ध्यान में बैठ सकती हूँ। हमें किसी भी परिस्थिति में हार नहीं माननी चाहिए, ब्रहमाण्ड की शक्तियाँ उनसे निस्तारण का रास्ता अवश्य बताती हैं।

यदि हम प्रभु को पाना चाहें तो हमें बहुत विनम्र होना होगा। विनम्र होने से हम अधिक ज्ञान प्राप्त कर सकते हैं। जैसे ही हमारे बीच अहं आया, हमारी ऊर्जा का नाश हो गया। कुछ पाने के हमें अहं को दूर करना होगा। विनम्र साधक हर व्यक्ति को समान महत्व देता है। वास्तविक

साधक वह है जो अपनी तुलना में सभी जीवों को समान रूप से देखे। जब हम सफल हो जाते हैं तो भूल जाते हैं कि प्रत्येक व्यक्ति समान है, यहीं से हमारा पतन शुरू होता है। जो ज्ञान, ऊर्जा हमने वर्षों की तपस्या एवं साधना से पाया है वो हम एक पल में खो देते हैं। यदि हम अहं में भर जाऐंगे तो लोग हमसे कटने लगेंगे और हम अकेले रह जाएंगे। यदि विनम्र हो जाएंगे तो अहं स्वयं हमसे दूर चला जाएगा। यदि कोई हमसे बुरा व्यवहार करता है तो हमें उसे सहन करना होगा और प्रभु से प्रार्थना करनी होगी कि वह उसे सद्बुद्धि दे। अपनी आलोचना सुनने के बाद उस पर प्रतिक्रिया की बजाए चिंतन-मनन करना चाहिए। यदि हम सच्चा साधक बनना चाहते हैं तो अपनी आलोचना को भी स्वीकारना होगा। यही हमारा मार्गदर्शन है। यदि कोई हमारी अत्यधिक प्रशंसा करता है तो अहंकार को अपने पर हावी नहीं होने देना है।

साधना में दयालु पर शुक्रगुज़ार होने का बहुत बड़ा हाथ है। यदि हम दयालु हैं और अपने से पहले दूसरे का भला सोचते हैं तथा उनके लाभ के लिए त्याग करते हैं तो समझें कि साधना में लीन होने का मार्ग मिल गया है। इसके लिए पहले स्वयं पर काम करना है; अपने में सुधार लाना है, स्वयं को दयालु बनाना है। दूसरों की सेवा करने और उनके दुःख को अपनाने से अहंभाव दूर हो जाता है।

जिन्होंने हमें शिक्षा दी है या रास्ता दिखाया है, हमें उनके लिए दिन-रात धन्यवाद करना है। कई बार, कुछ लोग गलत करते हैं तो भी उनका धन्यवाद करना है क्योंकि कई बार उन्हीं की वजह से हम आहत होकर ध्यान की ओर अग्रसर होते हैं। जैसा कि मैंने शुरू में लिखा था। (मेरे स्वयं के अनुभव)

आज मुझे एक और अनुभव हुआ। ध्यान के समय मुझे मेरे अंदर आग का अनुभव हुआ जो ब्रहमाण्ड का मुझे एक और तोहफा था, जिसे

पाकर मैं धन्य हो उठी। इससे पूर्व मैं मानसिक परेशानी से गुज़र रही थी, शायद ब्रहमाण्ड मुझे मेरी किसी गलती की सजा दे, रहे थे। (मेरे स्वयं के अनुभव) जब हम बहुत निराश हो जाते हैं तो ब्रहमाण्ड जैसे कोई न कोई नया अनुभव देकर हमें गोद में उठा लेते हैं। और इसी तरह कोई न कोई करिश्मा दिखा देते हैं। इससे मैंने यह अनुभव किया कि साधक को सदा सहज भाव में रहना चाहिए। दुःख या सुख में सदा एक समान रहना चाहिए। किसी प्रकार की अधिकता होने पर ब्रहमाण्ड ऊर्जा वापस ले लेता है।सहज रहने पर हर प्रकार की आध्यात्मिक शक्तियाँ हमारे साथ रहती हैं। कुछ भी अधिकता होने पर (अहम) ब्रहमाण्ड हमें सुधारने के लिए भिन्न-भिन्न प्रकार की सजा देते हैं। ब्रहमाण्ड की शक्तियाँ नहीं चाहतीं कि साधक भावुक हो। अत्यधिक भावुक होने पर शक्तियाँ हमें संभाल लेती हैं। आज सुबह का अनुभव मेरे जीवन का बेहतरीन अनुभव हैं। ब्रहमाण्ड की शक्तियाँ जानने के लिए एक जनम की अवधि कम है। इसे जानने के लिए अधिक से अधिक साधना में लीन होंगे तभी उसका एक अंश प्राप्त कर पाऐंगे। सबसे कठिन कार्य है गृहस्थाश्रम में रहकर साधना में जाना और आध्यात्मिक शक्तियों को जानने का प्रयास करना।

गृहस्थ जीवन ऐसा जीवन है, जहाँ पल-पल हमारे कदम डगमगाते हैं। थोड़ी सी चूक हो जाने पर ब्रहमाण्ड का दंड सहना पड़ता है, परन्तु वह ब्रहमाण्ड डगमगाने नहीं देता तुरन्त ऊपर उठा लेता है।

जो मनुष्य जीवन की भागदौड़ में भी साधना न छोड़े, वही साधक है और जो साधना के साथ-साथ भाग-दौड़ का जीवन भी अपना ले, वही वास्तविक साधक है। लोग प्रायः सोचते हैं कि जीवन के आखिरी समय में राम नाम जप लेंगे, परन्तु तब तक बहुत देर हो चुकी होती है। साधना, ध्यान तो संसार में रहकर भी हो सकता है। वास्तविक ध्यान संसार में रहकर ही सार्थक है।

अध्यात्म में बहुत कम लोग जा पाते हैं। ब्रह्माण्ड की इच्छा के विरूद्ध कुछ नहीं हो सकता। ब्रह्माण्ड हमें हर तरह के संकेत देता है। वह ब्रह्म मुहूर्त में उठाता है। ब्रह्माण्ड ध्यान में जाने के लिए मदद करता है। आध्यात्मिक व्यक्ति कभी किसी के बारे में बुरा नहीं सोचता और न बुरा बोलता है। आध्यात्मिक लोग सदा समाज सेवा के लिए तैयार रहते हैं। आध्यात्मिक लोग सदा सकारात्मक लोगों का साथ पसंद करते हैं और अच्छी पुस्तकें पढ़ते हैं। हम सदा चाहते हैं कि हम बेहतर व्यक्ति बनें। आध्यात्मिक व्यक्ति की अध्यात्म के बारे में खोज कभी समाप्त नहीं होती। आध्यात्मिक अतीत को पीछे छोड़ते हैं तभी आगे बढ़ पाते हैं। साधना में हमें भीतर जाना है और स्वयं को जीतना है। साधक नकारात्मक विचारों के साथ साधना नहीं कर सकते। साधना कमज़ोर व्यक्ति के लिए नहीं है। साधना में हमें ऊँचा उठना है। साधक लोग नाराज़ नहीं होते। साधना में काफी कष्ट आते हैं। जैसे मैंने पहले भी लिखा था बिना कष्ट सहे कुछ प्राप्त नहीं होता। यदि कष्ट से घबरा गए तो साधना नहीं कर पाएँगे। जो लोग ध्यान या साधना में संपूर्ण हो जाते हैं उन्हें भविष्य की भी जानकारी होती है, वे सदा परमात्मा को याद करते हैं। सच्चे साधक को दिव्य शक्तियों की जानकारी होती है। ध्यान से आत्म.ज्ञान हो जाता है। वास्तव में दिव्य शक्तियाँ हमारे मन में हैं। हमें उन्हें खोजना है। यदि हम अपने मन एवं बुद्धि को शुद्ध रखेंगे तो अपनी आत्मा तक पहुँच पाएँगे। अध्यात्म जीवन में सुधार लाने के लिए हमें विचार सुधारने होंगे। अच्छे विचारों से हमारा मन शुद्ध होगा और हम साधना की ओर अधिक बढ़ पाएँगे, विचारों की शुद्धि के साथ हमें आलस्य भी त्यागना होगा। यदि आलस्य करेंगे तो ध्यान में कैसे जाएँगे। ध्यान में बैठने से पहले यदि प्राणायाम या योगा करेंगे तो शरीर में स्फूर्ति रहेगी और हम साधना में अधिक समय तक बैठ पाएँगे। हमें सदा

आनन्द में रहना है। यदि हम आनन्द में रहेंगे तो ब्रहमाण्ड हमें और आनन्द में रखेगा। यदि हम नाराज़ या चिंतित होकर ब्रहमाण्ड को याद करेंगे तो ब्रहमाण्ड भी नाराज़ होगा। इसके अलावा हमें प्रत्येक व्यक्ति के लिए अच्छा करना है और अच्छा बोलना है। हम किसी के साथ अच्छा करेंगे ते हमारे साथ भी अच्छा होगा। क्योंकि ब्रहमाण्ड में हम जो बॉल फेकेंगे वही वापिस आऐगी। यदि हमें सुखी होना है तो खुद को सीमित नहीं करना है। हमें अपने आत्मज्ञान को बढ़ावा देना है और खुद को कभी कमज़ोर नहीं समझना है।

ध्यान में रंगों का दिखना और प्रकाश का दिखना जब हम ध्यान में बैठते हैं तो हमें उसमें कई रंग व प्रकाश दिखते हैं। हमारा हर चक्र में ऊर्जा आने पर अलग रंग दिखता है। यदि ऊर्जा मूलाधार चक्र पर आऐ तो लाल रंग दिखता है। यदि स्वीद्धाष्टना चक्र पर आऐ तो नारंगी रंग दिखता है, मणीपुर चक्र पर ऊर्जा आने पर पीला रंग दिखता है। अनाहत चक्र पर ऊर्जा आने पर हरा रंग दिखता है और विशुद्धि चक्र पर हल्के नीले रंग का प्रकाश दिखता है। आज्ञा चक्र पर ऊर्जा आने पर नीला रंग दिखता है और सहस्त्रार्थ चक्र पर हल्का जामुनी रंग का प्रकाश दिखता है। कई बार शरीर में झटके भी लगते हैं। कई बार अंधेरे में भी प्रकाश दिखता है। परन्तु यह सब एक दिन में नहीं दिखता, बहुत ध्यान व साधना के पश्चात ये रंग दिखते हैं।

इसके अलावा हमें प्रकृति के पाँचों तत्वों (पृथ्वी, जल, अग्नि, वायु, आकाश) के रंग भी ध्यान में दिखते हैं। जैसे हवा का रंग सफेद या चाँदी समान होता है। अग्नि का रंग लाल होता है। जल का हल्का नीला पृथ्वी का पीला और आकाश का गोल्डन पीला। ध्यान में गहरा उतरने से ये रंग भी दिखते हैं।

डर

मेरा अगला विषय है डर। डर से हमें दूर भागना है। डर नकारात्मक ऊर्जा का स्रोत है। डर के भाव आपके अन्दर आने से आप डगमगा जाते हैं। जैसे ही आपके अन्दर डर का भाव आता है आपके शरीर की सारी सकारात्मक ऊर्जा नकारात्मकता में परिवर्तित हो जाती है। इसीलिए हमें डर को दूर भगाना है और सकारात्मक सोच रखनी है। डर हमारी साधना में बहुत बड़ा बाधक है। इसमें रहने का यह अर्थ हुआ कि हम ब्रहमाण्ड से डरकर फिर स्वयं से जुड़ रहे हैं। साधना का मार्ग स्वयं से ऊंचा है अतः साधना और ध्यान के मार्ग में डर का स्थान नहीं होना चाहिए। डर से हम ध्यान के मार्ग में स्वयं से ऊपर उठकर फिर नीचे आ जाऐंगे। डर में रहने से यह आभास होता है कि हम अभी भी भौतिकता में जकड़े हैं। भौतिकता और साधना में मेल नहीं है। अतः साधना को डर से दूर रहना ही विकल्प है। डर को दूर भगाने के लिए हमें स्वयं को शांत रखना होगा। डर एक स्वाभाविक अनुभूति है। ब्रहमाण्ड कदम-कदम पर हमारी परीक्षा लेता रहता है क्योंकि जब डर की अधिकता होती है तो हम ब्रहमाण्ड से जुड़ते हैं।

गृहस्थ जीवन में रहकर साधना में विघ्न बच्चों पर कष्ट आने से होता है। यहीं पर साधक की परीक्षा है। हमें हर संकट या कष्ट में अनहोनी

से डरकर नहीं अपितु सामान्य रहकर उसे दूर करना है। हमें इससे उबरकर ब्रह्माण्ड से जुड़ना है। यह डर एक साधक के लिए परीक्षा की तरह है। परन्तु ब्रह्माण्ड हमें इसे दूर करने की शक्ति देता है। यदि हम डर को हराकर साधना के पथ पर आगे बढ़ रहे हैं तो उसका तात्पर्य यह है कि हम साधना में सफल हो गए हैं। डर को हराकर हमारे अंदर ज्ञान तथा शक्ति का संचार होता है।

मन

अगला विषय है मन। जब हमारी पाँचों इन्द्रियाँ स्थिर हो जाती हैं, तभी सर्वोच्च मार्ग शुरू होता है। मन को सदा स्थिर रखना होता है। भूत तथा भविष्य को छोड़कर वर्तमान में मन को लगाना है। हमें अपने मन में शांति और प्रेम लाना है। हमें अपने मन को जीतना है तभी मन शक्तिशाली बन पाएगा, मन निर्बल हुआ तो हम डगमगा जाऐंगे और डगमगा गए तो ब्रहमाण्ड के नज़दीक नहीं जा पाऐंगे। हमें अपने मन को हारने नहीं देना है । कबीर दास जी कहते हैं मन के हारे हार है, मन के जीते जीत। अर्थात यदि हम मन से हार गए तो जीवन भी हार जाऐंगे यदि मन को जीत गए तो आगे बढ़ पाऐंगे। यदि हम ध्यान लगाना चाहते हैं तो हमें अपना मन जीतना होगा, यदि मन से हार गए तो ध्यान साधना में कहाँ जाएँगे? हमारा ध्येय तो ध्यान लगाना है। यदि मन विचलित या कमज़ोर हुआ तो हम कुछ नहीं कर पायँगे। हमें अपने मन को संयम में रखकर अपने ध्येय (ध्यान) की ओर बढ़ना है। हमारा मन हम पर इसलिए हावी हो पाता है कि हम विकसित साधक न बन जायें, परन्तु यही हमें नहीं होने देना है। हमें अपनी साधना के रास्तें में किसी को नहीं आने देना है। साधक की सबसे बड़ी शक्ति स्वयं पर नियंत्रण करना है। यदि हमारा मन कमज़ोर पड़ जाए तो हम ध्यान या साधना में नहीं जा पायेंगे। इसलिए हमें अपने मन को प्रबल बनाना है। यदि हमारा मन

चिंतित है तो हमें विचलित नहीं होना है क्योंकि हर मुश्किल का कोई न कोई हल अवश्य होता है। यदि मन चिंतित, उदास रहेगा तो हम ध्यान में नहीं जा सकते। यदि मन बहुत उदास है तो हमें अपने अच्छे बिताए पल को याद करना है। इससे हमारी उदासी दूर होगी और हम अपने ध्येय की ओर बढ़ पाऐंगे। यदि ध्यान या साधना से कोई परिवर्तन आ रहा है तो हमें मन से उसे स्वीकार करना चाहिए। यदि हम अपने मन में नकारात्मक विचार लाऐंगे तो ब्रहमाण्ड हमें नकारात्मक ही बनाएगा। इसलिए हमें अपने हृदय में सदा सकारात्मक विचार लाने चाहिए। (मेरा स्वयं का अनुभव)

अहंकार

मेरा अगला विषय है अहंकार। अहंकार पतन का दूसरा नाम है। हमें कभी भी अहंकार नहीं करना चाहिए। अहंकार पतन का द्वार है। अहंकार हमारी शक्तियों का नाश करता है। यदि हम अपने ज्ञान पर अहंकार करते हैं तो ज्ञान नष्ट होगा, यदि दौलत पर अहंकार करते हैं तो दौलत अहं के बाद बड़ों-बड़ों की नहीं रही।

अहंकार और फ़क्र में फर्क होता है। यदि हमारे बच्चे या अन्य संबंधी कोई ऊँचा व और अच्छा कार्य करें तो हमें उस पर फ़क्र होगा पर यदि अपने कार्य का दूसरों को जताऐं तो यह अहंकार होगा। अहंकारी मनुष्य हर समय सम्मान चाहता है जबकि विनम्र दूसरों को सम्मान देता है।

अहंकार हमें ऐसे मार्ग पर ले जाता है जहाँ हम स्वयं को दूसरों से ऊपर समझते हैं, यहीं से हम साधना या ध्यान के मार्ग से हटते हैं और हमारी शक्तियाँ कम होना शुरू हो जातीं हैं। यदि हम अहंकार छोड़ दें, तो बहुत कुछ पा जायेंगे। अहंकार को छोड़ने का अर्थ है कुछ पाना। हमें दूसरों को अहं के बारे में समझाने से पहले, स्वयं को अहंकार से दूर करना है। यदि हमें लगे कि हम गलत हैं, तो हमें स्वयं पर लज्जित होना चाहिए, न कि अकड़कर रहना चाहिए। यदि हम सदा अहं में रहेंगे तो धीरे-धीरे लोग हमसे दूर जाने लगेंगे और हम अकेले रह जायेंगे।

अहंकारी व्यक्ति को ज्ञान का घमंड होता है, घमंड का ज्ञान नहीं होता है। हम जितने विनम्र होंगे उतना हमारा अहंकार कम होगा और झुकने से तो अहंकार खत्म ही हो जाऐगा। हर पल, हर क्षण अहंकार से दूर रहकर ध्यान-साधना में जाना है। अहंकार में हम सोचते हैं कि हम बहुत महान हैं परन्तु ब्रहमाण्ड को देखें तो पता चलता है कि हम उसका एक अंश भी नहीं हैं। विनम्रता अहंकार से बहुत आगे है। हमें घमंड नहीं आत्म-विश्वास बढ़ाना होगा तभी हम अपने ध्येय (ध्यान) में सफल होंगे। अहंकार और आत्म-गौरव में फर्क है। स्वयं को जागरूकता की भी आवश्यकता है। छोटी-छोटी सफलता से आत्म-विश्वास बढ़ता है। परन्तु हमें यदि मार्गदर्शन की आवश्यकता है तो उसे ले लेना चाहिए। साधना के मार्ग पर चल नहीं पाऐंगे।

ईर्ष्या

अहंकार के बाद अगला विषय ईर्ष्या है। क्योंकि इसमें जैसा मैंने पहले बताया कि काम, क्रोध, लोभ, मोह, त्याग कर ही हम सब आगे बढ़ सकते हैं। ईर्ष्या एक ऐसा घातक भाव है, जो हमारे मार्ग से हमें पीछे खींच लेता है। जब तक हमें अपने पास हर वस्तु से संतुष्टि नहीं होती आप आगे नहीं बढ़ सकते। हमें दूसरों को अच्छा दिखाने के लिए अपना भीतरी व्यक्तित्व नहीं खो देना चाहिए। क्योंकि ईर्ष्या ही अपराध को जन्म देती है। यदि हम अपने साथ दूसरों के भी विकास की सोचें, तो ईर्ष्या का जन्म ही नहीं होगा। यदि हम ध्यान करना चाहें और उसमें ईर्ष्या जन्म ले ले तो ध्यान नहीं लगेगा। ईर्ष्या एक रोग है। हमें इसका उपचार करना चाहिए। यह हमारे दुःख का कारण बन जाता है, इसीलिए हमें ईर्ष्या भाव मन में नहीं आने देना है। इसके लिए हमें अपने अन्दर आत्म विश्वास लाना है, इससे हमारी ईर्ष्या समाप्त हो जायेगी और हम फिर अपने ध्येय (ध्यान) की ओर चल देंगे। यदि हम अपने अंदर हमेशा सकारात्मकता रखें तो ईर्ष्या हमारे पास नहीं आएगी। यदि फिर भी ईर्ष्या जन्म लेती है तो समझना चाहिए कि हमारे अन्दर जागरूकता की कमी है। आध्यात्मिकता हमारे अंदर है। इसमें ईर्ष्या का स्थान नहीं होना चाहिए।

एक साधक को कभी भी ईर्ष्या नहीं करनी चाहिए। ईर्ष्या करने वाला

व्यक्ति कभी भी खुश नहीं रह सकता। यदि हम मन से प्रसन्न नहीं होंगे तो साधना में कैसे बैठेंगे। यदि हम ईर्ष्या के बजाए प्रेम करें तो प्रभु भी हमसे प्रेम करेंगे। साधना के मार्ग में दूसरों का दुःख देख दुःखी होना है और सुख देखकर सुखी होना है, ईर्ष्या का तो साधक के जीवन में कोई स्थान नहीं है। हमें हर हाल में संतोष करना है। यदि साधक के जीवन में असंतोष रहेगा तो वह ईर्ष्या में बदल जाऐगा। ईर्ष्या के बजाए दूसरों के विकास की कामना करनी चाहिए, जिससे ब्रहमाण्ड हमसे प्रसन्न हो और हम अपने लक्ष्य (ध्यान) में कामयाब हो पाऐं।

क्षमा

इसके पश्चात हम क्षमा के बारे में बात करेंगे। तो हम देखते हैं कि किसी को क्षमा करके हम अपने कर्म सुधारते हैं, हमारे कार्मिक एकाउंट ठीक होते हैं। किसी को क्षमा करने से पहले हम क्रोध में रहते हैं, कई बार दूसरा व्यक्ति जो गलत करता है हम उससे बदला लेना चाहते हैं, यह हमारे लिए भी गलत है। इससे हम खुद भी आहत होंगे इसलिए हमें क्षमा का भाव अपने अंदर सदैव रखना चाहिए। क्षमा करने से हमारा मन शांत होता है। क्षमा करने वाला और पाने वाला दोनों के स्वास्थ्य के लिए ये कर्म अच्छा है। क्षमा करने से क्षमा पाने वाले व्यक्ति से हमारे संबंध मधुर हो जाते हैं। हम भावनात्मक रूप से स्वस्थ हो जाते हैं यदि हम किसी की बात से आहत हैं और उसे क्षमा नहीं करेंगे तो इसका नकारात्मक प्रभाव हमारे चिन्तन पर अवश्य पड़ेगा और हम स्वयं अशांत रहेंगे। यदि हमने अतीत में गलती की है तो हमें ब्रह्माण्ड से क्षमा मांगनी चाहिए। इससे हम भावनात्मक रूप से स्वस्थ हो जाते हैं। यदि हममें अन्य सभी गुण हैं परन्तु हम क्षमा नहीं कर पाते तो हम साधक नहीं हैं, जो साधक किसी को क्षमा कर पाते हैं, वे ही विशाल होते हैं और ब्रह्माण्ड उन्हें अपना लेता है। इसके अलावा, हमें ब्रह्माण्ड से दिन-रात क्षमा प्रार्थना करनी चाहिए जिससे हम जाने-अनजाने होने वाली गलतियों से बच सकें और ध्यान साधना में लीन हो जाएँ। आत्म-साधना हमें परममुक्ति दिला

सकती है। आत्म-साधना असीम है। आत्म ज्ञान हम सब को है, पर हम उसे पहचान नहीं पाते। यदि हम साधना के मार्ग में चलेंगे तो आगे जाकर हमारे बच्चे भी उसी मार्ग पर चलेंगे। साधना में हम भटक नहीं पायेंगे। परन्तु ध्यान-साधना में हरएक का अनुभव अलग-अलग होता है। जैसे मैंने अपने अनुभव पहले लिखे हैं।

भोजन

साधक के जीवन में भोजन का बहुत महत्व है। हमारे शरीर में ऊर्जा भोजन से आती है। साधक का भोजन शाकाहारी एवं सात्विक होना चाहिए।

यदि हम जानवरों में भी देखें तो मांसाहारी भोजन खाने वालों की प्रवृत्ति होती है जैसे कि शेर। शाकाहारी जानवर शांत होते हैं जैसे कि गाय। भोजन हमें हमारे शरीर की आवश्यकता अनुसार करना चाहिए। जितना हो सके साधक को फल व कच्ची सब्जी (जो पचा सकें) खानी चाहिए। भोजन यदि प्रार्थना कर के खाएं तो उसका स्वाद व शक्ति बढ़ जाती है जैसे कि हम यदि लंगर खाऐं तो उसका स्वाद अलग ही होता है क्योंकि उसमें पाठ-पूजा शामिल होती है।

साधक को नाश्ता हल्का करना चाहिऐ जैसे हम अंकुरित दाल, पोहा इत्यादि और साथ में फल खा सकते हैं। दिन के खाने में दाल, सब्जी, दही व रोटी खा सकते हैं। शाम को पुनः फल खा सकते हैं। रात को सात बजे तक हमें भोजन कर लेना चाहिए। रात का भोजन हल्का होना चाहिए। हमें हर भोजन के पश्चात प्रभु का शुक्रिया जरूर करना चाहिए।

योग

रेकी, प्रार्थना, साधना के साथ मैंने योगा को भी अपने जीवन में बहुत महत्व दिया है। इस भागदौड़ के जीवन में योगा की बहुत आवश्यकता है। योगा हमारे ऋषि-मुनियों द्वारा हज़ारों वर्ष पूर्व हमें दी गई एक नियामत है। हमें अपनी दिनचर्या योग से ही प्रारम्भ करनी चाहिए। इससे शरीर एवं मन दोनों स्वस्थ रहते हैं। इसका संबंध श्वासों से एवं ब्रह्माण्ड की ऊर्जा से है। ब्रह्माण्ड से ऊर्जा लेकर श्वासों पर ध्यान देकर हम परमात्मा से जुड़ते हैं। यदि हमारा शरीर स्वस्थ होगा तभी हम मानसिक रूप से स्वस्थ होंगे, तभी प्रभु से जुड़ पाएँगे और साधना कर पाएँगे। योगा शुरू करने से कुछ समय बाद ही हम स्वयं को ऊर्जावान महसूस करते हैं। इससे शरीर के साथ-साथ हमारी आत्मा स्वस्थ होती है एवं भावना तथा विचार भी शुद्ध होते हैं।

हमारे योगाचार्यों के अनुसार योग चार प्रकार के होते हैं: 1. कर्म योग, 2. ज्ञान योग, 3. भक्ति योग, 4. राजयोग।

कर्म योग - हमें सदा अच्छे कर्म करते रहना चाहिऐ।

मेरे गुरूओं का आशीर्वाद

नमस्कार

मेरा नाम स्वाति मिड्ढा है। मैं एक रेकी हीलर, टैरो कार्ड रीडर और कई हीलिंग से प्रभु ने मुझे जोड़ा .... है। सुनीता वर्मा ने मुझसे रेकी सीखनी शुरू की। उसकी कुछ परेशानियां थी, जिनकी वजह से, उन्हें दूर करने के लिए उसने रेकी संसार में कदम रखा। इसके साथ उसने, आध्यात्म में भी कदम रखा। उसने पहले मुझसे से औरा रीडिंग का कोर्स किया, फिर रेकी का। उसके बाद कभी उसने पीछे मुड़कर नहीं देखा। उसने अलग-अलग गुरूओं से कई कोर्स किए। मुझे इन सबके लिए उसपर नाज़ है।

सुनीता देवी माँ को बहुत मानती है और मैं जानती हूँ कि, माँ भी उसे बहुत प्यार करती है। सुनीता की रेकी हीलिंग अद्त है। हीलिंग के समय उसके हाथ में जादू है। कमाल की है, उसकी हीलिंग।

मुझे सुनीता की किताब के लिए अपने अनुभव जो सुनीता को दिखे, उस पर गर्व है। मैं ब्रहमाण्ड की भी आभारी हूँ जिन्होंने मुझे और सुनीता को रेकी सिखाने का मौका दिया। सुनीता के बारे में यही कहूँगी कि वह एक बहुत अच्छी इन्सान होने के साथ अद्भुत हीलर भी है और प्रभु व ब्रहमाण्ड की ऊर्जाएं उसको प्राप्त हैं।

सुनीता ने जो पवित्र आध्यात्मिक पुस्तक लिखी है उसके लिए मेरी शुभकामनाऐं उसके साथ हैं। धन्यवाद

स्वाति मिड्ढा

राजौरी गार्डन

नमस्कार

मैं विकास दुग्गल इस लेख के माध्यम से कुछ बातें आपसे करना चाहता हूँ। साथियों आध्यात्मिक विकास मिशन सांई बाबा द्वारा स्थापित हुआ और सांई बाबा ही इसको चला रहे हैं। सांई बाबा जिसको चाहें इससे जोड़ रहे हैं। आध्यात्मिक विकास मिशन में जो भी हो रहा है, बाबा के आशीर्वाद से हो रहा है। हम आध्यात्मिक विकास मिशन में रेकी हीलिंग, ऐंजल थैरेपी, क्रिस्टल हीलिंग तथा और भी कई कोर्स कराते हैं। एक दिन सुनीता वर्मा जी से मुलाकात हुई। वो हमारे सेन्टर में आई और हम से बहुत से कोर्स किए तथा उन्होंने बहुत दिल से सीखा। उनसे मिलकर मुझको बहुत अच्छे अनुभव हुए। एक ऐसी शख्सियत, एक ऐसी एंजल, जो सबके लिए अच्छा सोचती हैं। उन्होंने दूसरों की सेवा में, स्वयं को समर्पित किया है। वो अभी और भी सीखना चाहती हैं, आगे बढ़ना चाहती हैं। उनसे मिलकर हमको बहुत अच्छा लगा। हम सब उनको एंजल मानते हैं। हमें ऐसा लगता है कि वो अपने जीवन में लोगों की भलाई करके अपने पुराने कार्मिक एकाऊंट खाली कर देंगी और अगले जन्म में ईश्वर उन्हें और मौका दे, एंजल बनने का, ऐसा मुझे लगता है। सुनीता वर्मा को मिलना, उन्हें सिखाना, एक पवित्र इन्सान को सिखाना बहुत अच्छा अनुभव है। उनकी हीलिंग व ध्यान के अनुभव सुनकर बहुत खुशी होती है। इच्छा होती है कि सभी इन्सान सभी विद्यार्थी ऐसे हों। ऐसे विद्यार्थी मिलना बड़े

सौभाग्य की बात है। सांई बाबा की कृपा इन पर बनी रहे और एंजल्स का मार्गदर्शन इनको मिलता रहे। ये जो पुस्तक लिख रही हैं उसके लिए बहुत शुभकामनाऐं। इस पुस्तक को बहुत आगे जाना है। जिस पवित्र भावना से वो लिख रही हैं यह पुस्तक बहुत आगे जानी चाहिए, ताकि पढ़ने वालों को इस पुस्तक से बहुत कुछ सीखने को मिले।

धन्यवाद

Sanjay Gupta a teacher of Lama Fera,

Om Sai-Ram

I wish divine soul Sunita Verma ji, the very best in her spiritual journey and look forward to her autobiography. She is an angel, queen of healing, connected with the higher universal energies with deep knowledge of various healing modalities. She works endlessly to remove the bad effects of karma through her holistic healing to create, trust, grow and glow manifest and healing.

Sanjay Gupta

मैं संजय गुप्ता लामा फेरा टीचर और रेकी व लामा फेरा में पुस्तक लेखक, एक हीलर व शिष्य।

ओम साईं राम

मैं पवित्र आत्मा सुनीता वर्मा जी को उनकी "आध्यात्म की ओर मेरा पथ" पुस्तक के लिए शुभकामना देता हूँ, जिसमें उन्होंने अपनी आध्यात्मिक

यात्रा के बारे में लिखा है। इस आत्मकथा का हमें इन्तज़ार है। वह एक सिद्ध आत्मा हैं, जो एक एंजिल हैं। जो उच्च आध्यात्म की ऊर्जा से जुड़ी हैं। वह भिन्न-भिन्न तरीकों से एकाग्र होकर दूसरों का दुःख एवं नकारात्मक कर्मों से निकलने का रास्ता दिखाती हैं। उनकी पवित्र उपचार - विश्वास एवं उन्नति को सुस्पष्ट करती हैं।

अध्यात्म की ओर मेरा पथ

यह मेरी प्रथम पुस्तक है। ब्रहमाण्ड से ऊर्जा ग्रहण करके एवं देवी माँ के आशीर्वाद से मैंने यह पुस्तक लिखी है। इसमें मैंने अपने अनुभव बहुत ही सहज भाषा में लिखें हैं। यह मेरे लिए एक पवित्र पुस्तक है। इसे लिखने का मेरा उद्देश्य आम लोगों को अध्यात्म की ओर ले जाने का है। यदि मैं एक साधारण व्यक्ति होते हुए, अध्यात्म की ओर जा सकती हूँ तो हर कोई जा सकता है। जीवन में कभी न कभी परेशानी आती है, उसके लिए हम इधर-उधर भागें या किसी पर आश्रित न होकर स्वयं अध्यात्म की ओर अग्रसर हों, ध्यान में बैठें और प्रभु की ओर मन लगाऐं तो अपनी समस्याऐं खुद सुलझा सकते हैं।

आशा है आपको मेरी यह पुस्तक पसंद आएगी और मैं द्वितीय पुस्तक लिखने का साहस अवश्य कर पाऊँगीं।

सुनीता वर्मा